Langenscheidt

# Tracking Horse Thieves – Pferdedieben auf der Spur

von Annette Weber



Langenscheidt

Berlin · München · Wien · Zürich · New York

Lektorat: Barbara Müller
Muttersprachliche Durchsicht: Charlotte Collins
Zeichnungen: Anette Kannenberg

www.langenscheidt.de

Umwelthinweis: gedruckt auf chlorfrei gebleichtem Papier


Druck: Mercedes Druck GmbH, Berlin
Printed in Germany

ISBN 978-3-468-20440-1

2. 3. 4. 5. 6. * 11 10 09 08 07

# Inhalt

# Endlich in Poole

Schon seit einer Stunde stand Cora auf dem Gang und starrte durch die schlierigen Fenster nach draußen. Natürlich wusste sie genau, dass der Zug erst um 16:21 Uhr in Poole eintreffen würde. Das hatten ihr ihre Eltern oft genug eingeschärft. Aber irgendwie hatte sie das Gefühl, die Zeit verginge schneller, wenn sie auf den Koffern hinter der Tür hockte.

Es war ihre erste Reise allein. Ihre Eltern hatten allerdings darauf bestanden, sie nach London zu bringen. Richtig teuer war der Flug auch nicht geworden, sie hatten billige Tickets bekommen. In London hatten sie Cora dann in den Zug nach Poole gesetzt und selbst den nächsten Rückflug nach Hause genommen.

“Steig bloß nicht vorher aus”, hatte ihr Vater auf dem Bahnsteig immer wieder gesagt. “Und lass dich nicht von Fremden ansprechen.”

Cora hatte die Nase gerümpft.

“Krieg dich wieder ein, Papa”, hatte sie gesagt. “Ich bin kein Baby mehr.”

“Naja, wenn du dein Zimmer aufräumen sollst, kommst du mir schon manchmal so vor”, hatte ihr Vater entgegnet.

“Und grüß Kate und Jack Fellows”, fügte ihre Mutter hinzu. “Und Pam und Matt natürlich auch. Und die Pferde und Hunde und Katzen.”

“Und die Hühner”, ergänzte ihr Vater lachend.

Spätestens jetzt hatten sich die Leute auf dem Bahnhof zu ihnen umgesehen. Ob sie Deutsch verstanden? Cora wäre vor Verlegenheit am liebsten im Boden versunken. Warum machten ihre Eltern bloß immer so ein Drama aus allem? Sie war zwölf Jahre alt und damit so gut wie erwachsen. Zur Familie Fellows nach Poole fuhren sie seit drei Jahren. Da war es doch geradezu ein Kinderspiel, das jetzt auch mal alleine zu machen.

Seit drei Jahren verbrachten ihre Eltern und sie die Sommerferien auf dem Ponyhof. Es waren unvergessliche Wochen gewesen. Ferien auf dem Rücken der Pferde, Schlafen im Stall, die Geburt des Fohlens Twiggy – jeder einzelne Tag bei den Fellows war ein besonderes Erlebnis.

Nur in diesem Jahr konnten die Altmanns nicht in Urlaub fahren. Coras Großmutter war krank geworden, und ihre Eltern wollten sie nicht allein lassen. Aber das war im Grunde auch kein wirkliches Problem. Cora war alt genug, die Reise ohne ihre Eltern anzutreten. An Heimweh war auf dem Ponyhof sowieso nicht zu denken.

Bei dem Gedanken an Matt und Pam und deren Eltern Kate und Jack wurde Cora ganz warm ums Herz. Und wenn sie erst an die Pferde dachte, an **Lucky**, Goldstar, Twiggy und Mr Watson, wünschte

---

**lucky** Glück bringend *(hier als Name)*

sie sich, sie könnte sich direkt auf den Ponyhof beamen.
Pam hatte ihr von ihrem neuen Pony geschrieben, das sie zum Geburtstag bekommen hatte. Diva, eine Hackneyponystute. Noch nie im Leben hatte Cora ein solches Pony gesehen. Schon das wäre ein Grund gewesen, das Zugfahren ein bisschen zu beschleunigen. Himmel, warum in aller Welt verging die Zeit nur so langsam?
Da, endlich!
"**Ladies and gentlemen**, **we will shortly be arriving** in Poole. Poole is the next **stop**", ertönte die Ansage aus dem Lautsprecher.
Ein Rascheln und Packen begann. Die Reisenden kramten ihre Gepäckstücke zusammen. Cora stand immer noch am Fenster. Langsam fuhr der Zug in den Bahnhof ein. Und da warteten sie alle: Mr und Mrs Fellows, Pam, Matt und Sammy, der cremefarbene Labrador. Wie in Gottes Namen sollten sie bloß ins Auto passen? Aber vielleicht hatten sie ja den großen Van genommen, dann wäre das kein Problem.
Doch es war keine Zeit, sich darüber Gedanken zu machen. Der Zug hielt quietschend. Dann wurde

---

**ladies and gentlemen** meine Damen und Herren
**we will shortly be arriving** wir kommen demnächst an
**stop** Halt

Cora im allgemeinen Gewusel auf den Bahnhof gedrängt. Und im nächsten Moment hing ihr schon Pamela um den Hals.

"Oh, Cora!" Sie rollte das R - very British. "I'm so **glad** to see you. I **really missed** you. Do you know about my new horse? She's **wonderful**. She has beautiful black eyes, and ..."

"Come on, Pam, let the rest of us say hello too!", mischte sich Matt ein und schubste seine Schwester zur Seite. "Girls can be **so insensitive**!"

Und er drückte Cora ebenfalls an sich. Nicht so fest und lange wie Pam, aber doch irgendwie lieb. Cora sah ihn von der Seite an. Er war groß geworden und überragte sie nun um einen ganzen Kopf.

Jetzt drückten auch Mr und Mrs Fellows sie innig. Wie eine Tochter, die nach langer Zeit endlich wieder nach Hause kommt. Und dann machte Sammy mit lautem Gebell auf sich aufmerksam und musste auch noch gestreichelt werden.

Das Auto war tatsächlich groß genug für alle. Pam und Cora saßen hinten, Matt und Sammy in der Mitte und die Eltern vorne. Während der turbulenten Begrüßung am Bahnhof war es Cora noch nicht

---

**glad** froh
**really** echt, tatsächlich
**missed** habe vermisst
**wonderful** wunderbar
**so insensitive** so unsensibel

so richtig aufgefallen, aber jetzt, da Pam unaufhörlich auf sie einschnatterte, wurde ihr bewusst, dass sie sich noch gar nicht so richtig auf die fremde Sprache eingestellt hatte.

“Horses … wonderful … Diva … **totally** black, with a small white star on her nose … wonderful … wonderful … Lucky … you'll ride … wonderful …”

Oh Gott, dachte Cora verzweifelt. Hoffentlich redet sie irgendwann langsamer.

“Hey, Pam, **can't** you see you make Cora **dizzy** when you speak so **quickly**?”, unterbrach Matt seine Schwester. “Think about your last holiday in France, when **that** man **spoke** to you **like this** in French. You **went bright red** and you **didn't know** how to answer.”

“OK, **you're right**”, gab Pam zu. Dann lachte sie. “As always. Let me **show** you **some** photos, Cora.”

---

**totally** total
**can't** kannst (du) nicht
**dizzy** schwindelig
**quickly** schnell
**that** *hier:* jene(r)
**spoke** hat gesprochen
**like this** auf dieser Art; so
**went bright red** bist knallrot geworden
**didn't know** hast nicht gewusst
**You're right.** Du hast recht.
**show** zeigen
**some** einige; manche

Sie kramte in ihrer Tasche. Ihre Erzählungen über all die Tiere und Personen auf den Fotos waren zunächst in einfachem und langsamem Englisch gehalten, dann aber redete sie schneller und schneller, und zuletzt verstand Cora wieder nur Bahnhof.
Sie ließen die Stadt hinter sich. Endlich! Da war auch schon das Dorf Redstairs, dort die Straßenkreuzung und nun der lange schmale Feldweg, der zu dem Hof führte, auf dem die Fellows wohnten.
Im Nu hatte Cora ihren Rucksack in dem Zimmer abgestellt, das sie sich mit Pam teilen sollte. Schon rannte sie wieder die Treppe hinunter und fetzte in irrem Tempo über den Hof. Sammy sprang begeistert neben ihr her. Pam und Matt standen schon in der Stalltür und warteten auf sie.
“Lucky! Ich bin ja so froh, dich wiederzusehen”, rief Cora und öffnete vorsichtig die Boxentür, um ihr Lieblingspony nicht zu erschrecken. Lucky knabberte am Heu und sah sie überrascht an. Seine Ohren waren nach vorne gerichtet.
“He **only** understands English, **remember**?”, grinste Matt.
Cora seufzte. Es war schon blöd, dass man sogar mit den Tieren Englisch reden musste. So hatte sie wirklich keine Chance, sich vor dem Sprechen zu drücken.

---

**only** nur
**Remember?** Erinnerst du dich?

Lucky sah aus, wie sie ihn in Erinnerung hatte: braunes Fell, helle Mähne und eine schmale, weiße Blesse am Maul. Sie streichelte sein weiches Fell und bohrte ihre Nase in seinen Hals. Pferde dufteten wundervoll. Und Lucky hatte sowieso den köstlichsten Geruch, den man sich nur vorstellen konnte.
"Are you ready?", fragte Pam ungeduldig. "I want you to see Diva."
Cora seufzte. Sie wäre gerne noch ein bisschen bei Lucky geblieben, aber Pam zerrte sie weiter.
"**Look**, **there** she is!"
Cora blinzelte. Vor ihr stand das schönste Pony, das sie je gesehen hatte. Diva war eine Rappstute mit einer langen, seidigen Mähne und großen dunklen Augen, aus denen der Schalk blitzte. Auf der Stirn trug sie einen ebenmäßigen weißen Stern.
"Oh, Pam", stieß Cora aus. "She's the **most beautiful** pony I'**ve ever seen**."
"Yes, she is", strahlte Pam und öffnete die Boxentür. "Come in! You can **stroke** her, **if** you want."
Gemeinsam streichelten sie die Stute, die begeistert an Coras Pulloverärmel knabberte.

---

**Look!** Schau!
**there** da; dort
**most beautiful** schönste
**(have) ever seen** je gesehen (habe)
**stroke** streicheln
**if** wenn

“Really, I’m **a bit** …” Cora blätterte in dem kleinen Wörterbuch, das sie immer in der Hosentasche trug. Was hieß denn wohl “neidisch?”

“Envious”, fand sie dort. “I’m really envious”, sagte sie dann. “But I’m happy **for** you, too”, fuhr sie fort.

“Thank you!” Pam strich Cora über den Arm. “You can ride her **whenever** you want”, versprach sie.

Danach besuchten sie auch Mr Watson, Matts großen braunen Cob. Auch Jack Fellows besaß einen Cob, eine weiße, bildschöne Stute, die niemand außer ihm reiten durfte. Außerdem gab es noch drei Polo-Ponys für die Reitschüler. Zuletzt schauten sie noch bei Twiggy vorbei, deren Geburt sie während der letzten Sommerferien miterlebt hatten. Sie war Mrs Fellows’ Pferd. Im nächsten Jahr sollte sie eingeritten werden.

“Oh Twiggy, how you’**ve grown**!”, staunte Cora, als ihr der Jährling über die Boxentür entgegenschaute.

“And she’s really **cheeky**”, erzählte Matt.

Es war so wundervoll im Pferdestall, dass Cora völlig die Zeit vergaß. Erst als Mrs Fellows zu ihnen hereinschaute, um sie zum Abendessen zu holen, fiel

---

**a bit** ein bisschen
**for** für
**whenever** wann immer
**(have) grown** (bist) gewachsen
**cheeky** frech

ihr auf, dass sie einen Bärenhunger hatte. Im selben Augenblick fing ihr Magen fürchterlich zu knurren an.
"What's for **supper**, Mum?", fragte Matt und fügte mit einem Schmunzeln hinzu: "Cora's so hungry she **could** eat a horse."
Entsetzt schaute Cora ihn an. Nein, ein Pferd würde sie nie und nimmer essen, aber so etwas würde Mrs Fellows ihnen doch nicht vorsetzen, oder? Nicht auf einem Ponyhof! Die Menüzusammenstellungen von Pams Mutter waren zwar manchmal etwas merkwürdig, aber davor würde wohl selbst sie zurückschrecken.
Mrs Fellows lachte laut. "Oh, Cora. **Don't worry.** Of course **we don't eat horses**. It's **just** what people say when they **mean** they're really hungry. I'**ve made** some pizza. And you can have chips and baked beans."
Pizza, gebackene Bohnen und Pommes, so etwas gab es nur bei den Fellows. Aber nach einem so anstrengenden Tag schmeckte einfach alles.

---

**supper** Abendessen
**could** könnte
**Don't worry.** Mach dir keine Sorgen.
**we don't eat horses** wir essen keine Pferde
**just** nur
**mean** meinen
**(have) made** (habe) gemacht

# Ein Ausritt mit Hindernis

Am nächsten Morgen war Cora schon früh wach. Gemütlich räkelte sie sich im Bett und schaute dann zu Pam hinüber.
"Hi!" Pam grinste. "You wake up very early."
"Of course." Cora streckte sich. "**Life** is short. And holidays are **much** shorter. And holidays on a farm in England are the shortest."
Wow! Das war ein Englisch! Mrs Welters, ihre Englischlehrerin, würde in Begeisterungsschreie ausbrechen.
"If you like, we can have **riding lessons** in the morning", schlug Pam vor. "We'**ve got** a new riding teacher. He's very **strict** – he's **quite** an old man with white hair, always **polite** and **serious**. Matt and I **call** him Lord." Sie richtete sich im Bett auf. "He **never** laughs, but we learn **a lot** from him. And if I

---

**life** Leben
**much** viel
**riding lessons** Reitstunden
**have got** haben
**strict** streng
**quite** ziemlich; ganz
**polite** höflich
**serious** ernst
**call** nennen
**never** nie
**a lot** viel

make good **progress**, I'm going to **take part** in a tournament next autumn."
Tournament! Cora blätterte wie wild in ihrem Lexikon. Ah, da: Turnier.
"Wow!", sagte sie beeindruckt.
Bei dem Gedanken an den strengen Reitlehrer wurde ihr allerdings ein bisschen mulmig. Sie war keine besonders gute Reiterin, und Reitunterricht auf Englisch war mehr als eine Herausforderung. Was hieß wohl "Zügel" und was "Gewichtsverlagerung"? Und wenn er nun zu ihr sagte: "Wechsle auf die linke Hand und reite einen Zirkel, die Fersen tief!" Das konnte ganz schön kompliziert werden.
"Come on, let's get up. Do you want to have a shower? I think the bathroom's empty."

Matt saß schon beim Frühstück, als Cora in die Küche kam.
"Hi, Cora." Auch er rollte das R. "Did you sleep **well**?"
"Very well, thanks."
Cora füllte sich Cornflakes in ihr Schälchen, goss sich Milch darüber, bestreute das Ganze mit zwei Löffeln Zucker und begann zu essen. Vom Fenster aus konnte sie Mrs Fellows über den Hof gehen sehen. Sie

---

**progress** Fortschritt(e)
**take part** teilnehmen
**well** gut

trug einen Eimer mit Pferdefutter und winkte ihr zu. Dann kam auch Pam zum Frühstücken.

"Don't forget the riding lesson", ermahnte Pam ihren Bruder.

Matt grinste. "Of course not. I **had nightmares** about it. 'Matt, you're riding a horse, not sitting on a chair!'", ahmte er den Reitlehrer nach. "And what about your legs? And your hands? And where's your head, Matt, where is your head?"

"Oh no!" Cora fühlte sich plötzlich klein und unglücklich. "I think it'll be too hard for me."

"Don't worry", versuchte Pam sie zu beruhigen. "Lord is strict, but he's **fair** and he's **good at correcting** mistakes. And Matt's not **half** as good at riding as he thinks he is."

"**Watch it**", zischte Matt und schnippte seiner Schwester einen Cornflakeskrümel ins Gesicht.

Der Reitunterricht war tatsächlich nur halb so schlimm. Wie Pam gesagt hatte, war Lord zwar ein strenger alter Herr, dem kein Fehler entging, aber er behandelte Cora mit großer Freundlichkeit.

---

**had** hatte
**nightmares** Albträume
**fair** gerecht
**good at correcting** gut im Korrigieren
**half** halb
**Watch it.** Pass auf.

Trotzdem war es schade, bei dem schönen Wetter in der Halle reiten zu müssen, Hufschlag um Hufschlag, während draußen die Sonne schien und die Vögel zwitscherten.
"Pam, watch your hands. And Matt, please remember you're sitting on a horse, not on a chair!"
Cora grinste. Auf den Spruch hatte sie gewartet.
"And - Cora?" Der Reitlehrer rollte das R wie Matt und Pam. "Keep your **distance**. Not **too close** to Pam, please!"
Es war heiß mit der langen Reithose und den Stiefeln, und unter der Kappe sammelte sich der Schweiß. Auch die Pferde schwitzten.
Cora warf einen Blick durch die halb geöffnete Tür der Reithalle nach draußen. Die grünen Felder lagen direkt vor ihnen. Ein Ausritt wäre jetzt traumhaft.
Matt fing Coras Blick auf und nickte ihr zu. Dann rief er den Reitlehrer.
"Lord – **erm** – Mr Kingston." Sein Gesicht wurde rot wie eine reife Tomate.
Der Reitlehrer verzog keine Miene. Entweder hatte er den Versprecher nicht gehört, oder aber er war es bereits gewöhnt, dass seine Schüler ihm diesen Spitznamen gaben. Er drehte sich zu Matt um.

---

**distance** Abstand
**too close** zu nah
**erm** ähm

"Yes?"
"The weather's really nice today. Why don't we ride our horses outside?"
Nun war es ganz still. Cora, Pam und Matt sahen den Reitlehrer gespannt an und warteten.
"Outside?" Lord überlegte für einen Moment. "Do you think **you're all good enough riders**? It's not easy, you know. Some ponies **get rather excited** when they feel the wind in their noses."
"But we're not **beginners**, sir", versuchte Matt zu argumentieren.
"Are you **sure**?", entgegnete der Reitlehrer mit kurzem Blick auf Cora.
"Yes, sir, I've been having riding lessons **for** the last three years", entgegnete Cora schnell. Sie war sich etwas unsicher, ob der Reitlehrer nicht vielleicht doch einen ziemlich chaotischen Eindruck von ihr hatte. Jetzt lächelte er ein bisschen spöttisch.
"For three years. I see", murmelte er jedoch nur. Dann überlegte er wieder.

---

**you're all good enough riders** ihr könnt alle gut genug reiten
**get** *hier:* werden
**rather** etwas; ziemlich
**excited** aufgeregt
**beginners** Anfänger
**sure** sicher
**for** *hier:* seit

"**All right**", sagte er schließlich. "Pam, go and **saddle** my horse."
"Yes, sir!", rief Pam begeistert.
"Thank you, sir!", rief Cora.
"That's great, sir, thanks", strahlte auch Matt.
Während Pam den Cob des Reitlehrers sattelte, drehten Matt und Cora noch ein paar Runden im leichten Trab durch die Reithalle. Keine zehn Minuten später saßen sie alle wieder im Sattel und trabten einen Feldweg entlang. Die Ponys schnaubten zufrieden.
"Keep your distance!", ermahnte sie der Reitlehrer.
Ein sanfter Wind wehte. Die Ponys warfen die Köpfe und schüttelten aufgeregt ihre Mähnen.
"Mr Kingston, **may** we **gallop**?", fragte Pam.
"All right", rief der Reitlehrer. "**Start at the bottom of** the hill."
Am Fuße des Berges trieb Pam ihr Pony an und es fiel in einen schnellen Galopp. Die anderen jagten hinterher.
Da, was war das? Doch nicht etwa ein Graben! Cora sah Pam direkt draufzugaloppieren. Ohne zu zögern

---

**All right.** In Ordnung.
**saddle** sattle
**may** dürfen
**gallop** galoppieren
**start** fangt an
**at the bottom of** am Fuße des, unten am

sprang Diva darüber. Auch Matts Pferd Mr Watson hatte keine Probleme mit dem Hindernis.
Cora lenkte Lucky direkt auf den Graben zu und gab die Zügel vor, wie sie es im Reitunterricht gelernt hatte. Sie presste die Schenkel fest an seine Seiten, um ihn anzutreiben. Zu ihrer großen Erleichterung schaffte auch Lucky den Graben ohne Schwierigkeiten. Auf der anderen Seite nahm Cora ihr Pony zurück und klopfte ihm dankbar den Hals.
Plötzlich hörte sie hinter sich einen lauten Schrei. Cora, Matt und Pam parierten durch und drehten sich um. Dann glaubten sie ihren Augen nicht zu trauen.
Lord, dieser seriöse, höfliche Reitlehrer lag mitten im Wassergraben. Sein Pferd Limerick stand direkt neben ihm und schaute ein wenig mitleidig auf seinen Reiter hinunter. Dann wandte er sich dem Grasbüschel an der Seite des Wassergrabens zu und graste genüsslich.
"Mr Kingston!", rief Pam besorgt. "Are you okay? Did you hurt **yourself**?"
Mühsam rappelte der Reitlehrer sich auf und schaute an sich herunter.
"No, I'm fine", sagte er dann genauso streng, als wenn er Matts Reitstil verbessern wollte. Er ordnete die Zügel seines Pferdes und saß wieder auf.

---

**yourself** sich

Doch er konnte nicht einfach so tun, als wäre alles wie vorher. Er sah einfach urkomisch aus. Seine Kleidung war nass und schmutzig, seine Hände schwarz und mitten auf der Nasenspitze hatte er einen kleinen schwarzen Schmutzspritzer.
Natürlich wollte Cora nicht lachen. Dazu hatte sie viel zu viel Respekt vor diesem strengen Mann. Aber gerade weil sie auf keinen Fall lachen wollte, konnte sie ein Kichern nicht unterdrücken.
Erschrocken biss sie sich auf die Lippen und schaute auf ihre Stiefelspitzen. Jetzt hörte sie noch jemanden kichern. Ganz leise. Als sie kurz aufblickte, sah sie, wie Matt mühsam versuchte, nicht laut loszuprusten.
Mr Kingston schien das zu bemerken, und er warf Matt einen vernichtenden Blick zu. Matt biss sich auf die Lippen und Tränen traten ihm in die Augen.
Nun war es endgültig um Coras Fassung geschehen. Sie lachte laut los, und dann prustete auch Matt mit. Und schließlich stimmte Pam so laut mit ein, dass die Ponys erschrocken zusammenzuckten.
"**Sorry**, sir", japste sie. "But you look so **funny**."
Wieder lachten alle, und die Tränen liefen ihnen übers Gesicht.
Der Reitlehrer sah ein wenig beleidigt aus. Dann schaute er an sich herunter. Um seine Mundwinkel

---

**Sorry.** Entschuldigung.
**funny** lustig

zuckte es. Und plötzlich platzte auch er los und lachte aus vollem Halse.
"I **suppose** it is funny", dröhnte er. "I'm your teacher but it **seems** I'm a **worse** rider than any of you!"
Es war das erste Mal, dass Matt und Pam ihren Reitlehrer so sehr lachen sahen, und er erschien ihnen plötzlich gar nicht mehr unnahbar.

Am Abend saßen alle noch gemütlich beisammen, aßen Steaks mit gegrillten Maiskolben und Brot und erzählten. Mr Kingston war durch den Sturz in den Wassergraben viel umgänglicher geworden. Er geriet richtig ins Schwärmen, als er ein paar Geschichten aus seiner Jugend zum Besten gab.
"When I **was** your **age**, I went on a **trekking tour** with some friends for two weeks. We **rode all day**, but very slowly, so it **wouldn't** be **too much** for our horses. In the evenings we cooked outside, and

---

**suppose** nehme an
**seems** scheint
**worse** schlechter; schlimmer
**was** war
**age** Alter
**trekking tour** Trekkingtour
**rode** sind geritten
**all day** den ganzen Tag
**wouldn't** würde nicht
**too much** zu viel

**then** we **slept** in a tent. It was quite wonderful and we **felt** very **adventurous**."

Auch Pams Eltern wussten einige Geschichten von mehrtägigen Ausritten zu erzählen. Sogar ihre Hochzeitsreise hatten sie zu Pferd gemacht – sie waren quer durch Irland geritten.

Später am Abend saß Matt noch mit den Mädchen in deren Zimmer. Cora packte ihren Rucksack aus. Sie hatte am Abend zuvor nur ihren Schlafanzug und den Kulturbeutel herausgeholt und heute war sie den ganzen Tag in Pams alten Reitklamotten herumgelaufen. Pam schaute ihr dabei zu.

"Can you **imagine** Mr Kingston **as** a boy? **I wonder what he was like** then."

"**Well**", warf Matt ein, "he **probably** wasn't as **stiff** as he is **now**. Just imagine: going on a trekking tour for two weeks and sleeping in a tent …"

---

**then** dann
**slept** haben geschlafen
**felt** haben uns gefühlt
**adventurous** abenteuerlich
**imagine** euch vorstellen
**as** *hier:* als
**I wonder** (ich) frage mich
**what he was like** wie er war
**well** *hier:* also; nun
**probably** wahrscheinlich
**stiff** steif
**now** jetzt

“Hey, isn’t that something we could do **as well**?”, unterbrach Pam ihn aufgeregt. “**Not** for two weeks, but for **a couple of days** – wouldn’t that be fun?”
“But will your parents **allow** us to?”, warf Cora ein.
“Why **shouldn’t** they? Matt and I are quite **experienced** riders and we know this **part** of the **country** **inside out**. We can ride to old Mr Hatson’s farm on the first day. He’s rather **lonely** and he’ll be happy to see us. The next day we can ride to Aunt Rosemary’s house **near** the beach.”
“Oh, that would be so much fun – and great holidays for Cora”, fand auch Matt.
Die Idee war geboren. Noch lange schmiedeten die drei Pläne, wie der Ausritt zu organisieren wäre. Als sie gegen Mitternacht zu Bett gingen, schwirrte Cora der Kopf. Das versprachen wirklich aufregende Ferien zu werden. Aber würden Mr und Mrs Fellows es ihnen überhaupt erlauben?

---

**as well** auch
**not** nicht
**a couple of days** ein paar Tage
**allow** erlauben
**shouldn’t** sollten nicht
**experienced** erfahren
**part** Teil
**country** Land
**inside out** in- und auswendig
**lonely** einsam
**near** nahe

# Das Abenteuer beginnt

"Oh, no!", rief Mrs Fellows, als die drei ihr am nächsten Morgen von ihrer Idee erzählten. "That's too dangerous! The three of you **all alone** and **camping in the woods**? **I won't have it!**"
"But Mum – the first night we'll be at Mr Hatson's farm and the **second** night we'll be at Aunt Rosemary's. That's not in the woods! Please, Mum!" Pam sah ihre Mutter flehend an.
Mrs Fellows runzelte die Stirn. "I hate to **admit** it, but I suppose you're right. **Still**, I don't like this idea. I know you and Matt. The two of you are quite wild riders. You like to gallop and jump whenever you get the **chance**."
"Oh, Mum", erwiderte Matt. "You can't go on a riding tour and gallop the **whole** time. You should always go slowly. **Otherwise** the ponies get tired very quickly."

---

**all alone** ganz alleine
**camping** zeltend
**in the woods** im Wald
**I won't have it!** Das erlaube ich nicht!
**second** zweite
**admit** zugeben
**still** immerhin; immer noch
**chance** Gelegenheit
**whole** ganz(e)
**otherwise** ansonsten

"Yes, that's **true**", pflichtete Cora ihm bei. "We'd go slowly. And we **promise** to be **careful**. Please, Mrs Fellows, let us do it. It'd be **such** a great **adventure**."

Mrs Fellows seufzte. Cora sagte das immer so freundlich, dass man ihr unmöglich etwas abschlagen konnte.

"Okay", stimmte sie schließlich zu. "But I'll **have to** talk to Cora's parents first. If they agree, you can go. And Matt, you'll have to take your mobile with you and **send** me a **text message** **every** two hours **during** the day, so I know that you're all still okay."

Matt und Pam lachten. Ihre Mutter hatte wirklich merkwürdige Ideen.

Immerhin, wenn sie solche Ideen hatte, brauchte man nur noch ein bisschen Überredungskunst, dann hatte man sie auf seiner Seite. Cora war sich nicht so sicher, ob ihre Eltern zustimmen würden. Aber wenn Mrs Fellows ihren Ausflug im Grunde befür-

---

**true** wahr
**promise** versprechen
**careful** vorsichtig
**such** solch
**adventure** Abenteuer
**have to** müssen
**send** schicken
**text message** SMS
**every** jede(r); alle
**during** während

wortete, würden sie wahrscheinlich auch nichts dagegen haben.

Und so kam es, dass sich Pam, Matt und Cora zwei Tage später nach dem Frühstück mit vollgepackten Satteltaschen, Zelt, Kocher, Handy, Wäsche zum Wechseln und Schlafsäcken auf den Weg machten. Als ahnten sie, dass ihnen etwas Besonderes bevorstand, scharrten die Ponys unruhig mit den Hufen. Dann endlich, nach einem innigen Abschied von Mr und Mrs Fellows, setzte sich die kleine Karawane in Bewegung. Matt bildete mit Mr Watson die Spitze, dann kam Cora auf Lucky und schließlich Pam auf Diva.

Sie ritten durch das sanfte Hügelland. Dabei sprachen sie kaum. Sie genossen den lauen Sommerwind. Irgendwann überquerten sie einen Bach und ließen die Ponys trinken. Etwa drei Stunden nach ihrem Aufbruch legten sie an einem kleinen See eine Picknickpause ein. Es gab Brot mit kaltem Braten und für jeden einen Apfel. Dann ging es weiter.

Gegen Abend erreichten sie ihr erstes Ziel. Beim Schnauben der Ponys trat Mr Hatson aus seinem Haus, stellte sich mitten auf die Straße und winkte ihnen lachend zu. Seit seine Frau gestorben war, lebte er ganz allein auf dem Hof. Er freute sich deshalb über jeden Besuch und hatte den Plänen der drei freudig zugestimmt, als sie ihn vor zwei Tagen angerufen hatten.

"**Welcome**, ladies and gentleman, welcome, ponies!", rief der alte Mann mit krächzender Stimme.
Mit steifen Gliedern schwangen sich Matt, Pam und Cora aus den Sätteln. Matt klopfte dem alten Mann zur Begrüßung auf die Schulter. "How are you, Mr Hatson?"
"Thank you, thank you, Matt; I'm okay. But my old bones don't **move** as quickly as I'd like."
"I **get the impression** that you get **younger** every year, sir", sagte Pam und rieb sich den schmerzenden Hintern.
Der alte Hatson lachte. "**I'm not complaining**, Pamela. I'm ninety-three. And you must be Pam's friend from Germany", wandte er sich an Cora. "Welcome to you too."
Mit unglaublicher Geschwindigkeit half er ihnen beim Versorgen der Ponys. Er hatte ein Stück seiner Wiese mit einem weißen Elektrozaun abgetrennt und große Eimer Wasser bereitgestellt. Dahin brachten sie die Ponys. Durstig tranken sie das Wasser und ließen sich dann das saftige Gras schmecken.
Matt, Pam und Cora schlugen ihr Zelt auf und rollten ihre Schlafsäcke auf dem Boden aus. Dann setz-

---

**welcome** willkommen
**move** bewegen sich
**get the impression** habe den Eindruck
**younger** jünger
**I'm not complaining.** Ich kann nicht klagen.

ten sie sich zu dem alten Mann an den Grill, aßen Würstchen und Kartoffeln, die sie in Folie verpackt in der Asche rösteten, und tranken Apfelsaft.
Mr Hatson war froh über ihren Besuch. Er erzählte und erzählte und bemerkte dabei nicht, dass seine Gäste immer müder wurden.
“When I was young, I went on some wonderful trekking tours. And at night I just slept on the grass **beside** my horse”, erzählte er. Cora gelang es nur mit größter Mühe, die Augen offenzuhalten. Gleich schlafe ich ein, dachte sie.
Plötzlich brach der alte Hatson ab und starrte in die Ferne. Mit einem Ruck war Cora wieder wach.
“Mr Hatson?”, fragte sie. “Are you okay?”
Nun schauten auch Matt und Pam zu ihrem Gastgeber hinüber.
“**Anything wrong?**”, fragte Pam beunruhigt.
Hatson kniff die Augen zusammen. “Look! He’s **over there**!”, raunte er ihnen zu und zeigte in die Ferne. Seine Stimme klang heiser.
Cora lief ein Schauer über den Rücken.
“Who?”, fragte sie und räusperte sich.
Auch Matt und Pam blickten nun in die Richtung, in die der Alte deutete.

---

**beside** neben
**Anything wrong?** Ist irgendetwas los?
**over there** da drüben

"Who's there, Mr Hatson?", fragte jetzt auch Matt.
Der alte Mann stand auf. Seine Augen waren vor Entsetzen weit aufgerissen. "I can feel him", krächzte er.
Matt stellte sich neben ihn und legte ihm beruhigend eine Hand auf die Schulter.
"There's **nobody** there, Mr Hatson", sagte er mit fester Stimme. "Please **calm down**."
Der alte Hatson drehte sich nun zu Matt um und sah ihn prüfend an. "Can't you see him?", fragte er aufgeregt.
"No", entgegnete Matt. "As I **said**, there's nobody there. I'd **swear** to it."
Cora zitterte am ganzen Körper. Warum hatte ihr niemand gesagt, dass sie es bei Mr Hatson mit einem Irren zu tun hatten?
Im selben Augenblick drehte sich der Alte um, ergriff die Mistgabel und hob sie drohend in die Luft.
"I **advise** you not to come any closer!", rief er mit sich überschlagender Stimme.
Pam rückte dichter an Cora heran und schob ihre kalte Hand in die ihrer Freundin. Nur Matt blieb ganz ruhig.

---

**nobody** niemand; keine(r)
**calm down** beruhigen Sie sich
**said** gesagt habe
**swear** schwören
**advise** rate

"Please, Mr Hatson", wiederholte er. "There's nobody there. It's just the **shadow** of a tree, that's all."
"The shadow of a tree", wiederholte der alte Hatson langsam und es schien, als käme er von irgendwo weither zu ihnen zurück. "I'm so sorry. **I didn't mean** to **scare** you. The **loneliness gets to me** sometimes. **I'm afraid** I'll **go crazy** one day. Do you think I'm crazy **already**?"
"Of course not", sagte Pam schnell, aber besonders überzeugt klang es nicht.
Noch einmal schaute der alte Hatson in die Ferne. "Well", sagte er dann. "**It's getting** late. I'm tired and so are you. **We'd better** go to bed."
"Good idea", nickte Matt. "Tomorrow we must be fit enough for a long **ride**."
Eilig wünschten sie dem alten Mann eine gute Nacht, dann krabbelten sie in ihr Zelt. Matt schloss den Reißverschluss mit einem Ruck.

---

**shadow** Schatten
**I didn't mean** ich wollte nicht
**scare** erschrecken
**loneliness** Einsamkeit
**gets to me** setzt mir zu
**I'm afraid** ich fürchte
**go crazy** werde verrückt
**already** schon
**it's getting** es wird
**we'd better** wir sollten besser
**ride** Ritt

Aufatmend ließen sie sich auf ihre Schlafsäcke fallen.
"Poor Mr Hatson", murmelte Matt. "He must be very lonely if he's started seeing ghosts."
"I was so afraid when he started speaking to an **invisible** person", flüsterte Cora.
"Calm down", tröstete sie Pam. "It's just for tonight. We'll get up very early tomorrow morning."
"Good night, girls", sagte Matt von der anderen Seite des Zeltes. "And don't worry. Mr Hatson isn't dangerous, he's just lonely. He won't hurt us."
Dann kuschelten sie sich in ihre Schlafsäcke und waren im Nu eingeschlafen.

Mitten in der Nacht wachte Cora auf. Sie hatte irgendetwas Wirres geträumt, von einem finster blickenden Mann, der mit einer Mistgabel bewaffnet um ihr Zelt schlich. Nach den Ereignissen des Abends war das ja auch nicht weiter verwunderlich. Draußen war es stockfinster, die Luft hatte sich deutlich abgekühlt. Auf ihren Armen bildete sich eine Gänsehaut. Cora schlang die Arme um sich. Sie lauschte. Wieherte da nicht ein Pferd? Stille. Wahrscheinlich hatte sie sich getäuscht.
Cora kroch noch tiefer in ihren Schlafsack und zog den Reißverschluss höher. Dann schlief sie wieder ein.

---

**invisible** unsichtbar

Pam und Matt schliefen noch fest, als Cora am nächsten Morgen aufwachte. Müde streckte sie sich. Ihre Arme und Beine waren von der Anstrengung des gestrigen Tages bleischwer. So ähnlich muss sich jemand fühlen, der seinen ersten Marathonlauf hinter sich gebracht hat, dachte sie. Dann stand sie leise auf, zog ihre Reithose, die Stiefel und ihre Jacke an, kramte noch drei Äpfel aus ihrem Rucksack und schlüpfte aus dem Zelt.

Es war nebelig, wie oft morgens in England. Cora freute sich auf die Ponys. Sie machte sich auf den Weg zur Wiese hinter Mr Hatsons Haus. Doch kaum war sie um die Ecke gebogen, blieb sie wie angewurzelt stehen. Täuschte sie sich, oder standen dort auf der Wiese tatsächlich nur zwei Ponys?

Cora trat ein paar Schritte zur Seite, um eine andere Perspektive zu haben. Vielleicht wurde eins der Ponys ja von einem anderen verdeckt. Das konnte schon mal passieren, und dann bekam man immer erst einmal einen großen Schrecken.

Aber auch jetzt blieben es zwei Ponys, die dort auf der Wiese standen. Diva, Pams wunderschöne Hackneystute, war verschwunden.

Cora zwang sich zur Ruhe. Wie alles würde es auch dafür eine Erklärung geben. Vielleicht hatte Mr Hatson Diva in den Stall gebracht. Vielleicht war er auch mit ihr ausgeritten. Aber war er dafür nicht ein bisschen alt?

Mit klopfendem Herzen kehrte Cora zum Zelt zurück.
"Pam?", sagte sie leise und bemühte sich um eine ruhige Stimme.
Pam schlug die Augen auf und betrachtete Cora verschlafen. Auch Matt war inzwischen aufgewacht und rieb sich mit beiden Händen das Gesicht.
"Pam, I went to see the ponies. And Diva …", begann Cora vorsichtig.
Mit einem Satz war Pam auf den Beinen. "What's **happened** to her?"
"I don't know. She's not in the field. But **perhaps** the old man went for a ride on her."
"On my pony? For a ride? Are you crazy?"
In Nullkommanix war Pam angezogen. Auch Matt sprang in seine Klamotten. Sie rannten gemeinsam aus dem Zelt auf die Wiese.
Es war so, wie Cora es angekündigt hatte: Lucky und Mr Watson standen nebeneinander und grasten. Doch von Diva fehlte jede Spur.

---

**(has) happened** (ist) passiert
**perhaps** vielleicht

# Pferdediebe

Pam geriet in Panik. Aufgeregt rannte sie zu Mr Hatsons Haus und klingelte Sturm. Matt und Cora liefen hinter ihr her.

Mr Hatson öffnete und lächelte.

“You're already **up**? So early in the morning? Well, your tea is ready.”

“Mr Hatson”, schrie Pam und ihre Stimme überschlug sich. “Diva's **gone**. Do you know where she is?”

“She's gone? But that's **impossible**, impossible”, murmelte Mr Hatson.

“You don't know where she is?”, stammelte Pam entsetzt.

“No, of course not”, antwortete der Alte und bekam dabei wieder diesen Gesichtsausdruck, den Pam, Cora und Matt am Abend zuvor bei ihm erlebt hatten. Sein Blick richtete sich in die Ferne, als fixierte er einen bestimmten Punkt. “He was here”, murmelte er. “I was right. It wasn't just my **imagination**.”

Pam konnte sich kaum noch beherrschen. “Who?” Sie rüttelte ihren Gastgeber am Arm. “Who was here, Mr Hatson?”

---

**up** *hier:* aufgestanden
**gone** weg; gegangen
**impossible** unmöglich
**imagination** Fantasie

"The **thief**", murmelte der alte Mann.
Pam war mit den Nerven am Ende. Erst verschwand ihr über alles geliebtes Pony, dann verlor Mr Hatson offensichtlich den Verstand. Sie wandte sich ab und rannte zurück zur Wiese. Fassungslos starrte sie auf die beiden Pferde, die dort ruhig grasten. Was war nur geschehen? Wo war Diva?
Mr Hatson, Matt und Cora waren Pam gefolgt und standen nun hinter ihr am Zaun. Wie in Trance drehte sich Pam zu ihnen um.
"Where is she?", fragte sie mit tonloser Stimme. "Where's Diva? Where's my pony?"
"It was the thief", sagte Mr Hatson bestimmt. "My **own** pony **was stolen** last month. Cheeky, a wonderful brown Dartmoor pony. I never got him **back**." Der alte Mann kämpfte sichtlich mit den Tränen. "I loved him so much."
"Oh, I'm so sorry." Pam stand die Trauer und Verzweiflung ins Gesicht geschrieben. Dann gab sie sich einen Ruck. "Mr Hatson, do you think the thief **came back** to steal Diva?"
"**Definitely**", bestätigte Mr Hatson. Auch er hatte

---

**thief** Dieb
**own** eigene(s)
**was stolen** ist gestohlen worden
**back** zurück
**came back** ist zurückgekommen
**definitely** ganz bestimmt

sich wieder ein bisschen gefangen. “A lot of horses have been stolen in the **neighbourhood lately**. The **police** are **involved**, but they’**ve found neither** the horses **nor** the **thieves**.”
“Oh, no!” Schluchzend barg Pam ihren Kopf in Coras Schulter.
“Pam”, versuchte Cora zu trösten. “**Let’s have a look around.** I can’t believe that a thief would steal just one horse and **leave** the **other** two in the field.”
Das schien Pam einzuleuchten. So gingen sie alle zusammen noch einmal um die Wiese herum. Doch sie hatten sich nicht getäuscht; nur Lucky und Mr Watson standen noch da.
“Let’s have a look in the **stables**”, flüsterte Cora Pam zu. “You see, Mr Hatson misses his own pony a lot and he’s not always quite **himself**. Perhaps he’s stolen Diva **so as** not to be alone any longer?”

---

**neighbourhood** Nachbarschaft; Gegend
**lately** in letzter Zeit
**police** Polizei
**involved** *hier:* eingeschaltet
**(have) found** (haben) gefunden
**neither … nor** weder … noch
**thieves** Diebe
**Let’s have a look around.** Lasst uns umsehen.
**leave** lassen
**other** andere
**stables** Ställe
**himself** sich (selbst)
**so as** um

Wieder keimte ein kleiner Hoffnungsschimmer in Pam auf. Sie gingen zu den Ställen hinüber, doch schon bei flüchtigem Betrachten der Gebäude war zu erkennen, dass hier schon lange kein Pferd mehr gestanden hatte.
Mutlos kehrten sie zur Wiese zurück. Pam weinte jetzt leise vor sich hin, und auch Cora und Matt war zum Heulen zumute. Matt zog sein Handy aus der Tasche und rief seine Eltern an.
“We've got a problem”, machte er es kurz. “Diva's gone. We think she was stolen.”
“You should **call** the police”, riet ihm Mr Hatson. “They must **find** the thief. He should go to **prison** for the rest of his life.”
Cora umrundete noch einmal die Weide, während sie auf die Fellows warteten. Dieses Mal untersuchte sie den Zaun auf irgendwelche Auffälligkeiten. Vielleicht war Diva ja doch nicht gestohlen worden, sondern einfach nur ausgerissen und graste jetzt friedlich auf irgendeiner anderen Wiese. Doch der Elektrozaun war an keiner Stelle durchbrochen. Es musste jemand das Gatter geöffnet, ein Pferd herausgeführt und anschließend das Gatter wieder verschlossen haben.
An der Straße wurde auch ihr letzter Hoffnungs-

---

**call** *hier:* (an)rufen
**find** finden
**prison** Gefängnis

schimmer zunichtegemacht. Dort, wo der alte Hatson am Abend die Gestalt gesehen hatte, lag eine Zigarettenkippe auf dem Boden. Und etwas weiter an der Straße waren frische Reifenspuren zu sehen. Von einem Auto mit einem Anhänger.

Eine Stunde später trafen Jack und Kate Fellows in Begleitung zweier Polizisten auf dem Hof ein. Pam rannte ihren Eltern entgegen und warf sich ihrer Mutter schluchzend in die Arme. Nun musste auch Cora weinen und selbst um Matts Mundwinkel zuckte es.

"Well, good morning **everyone**", sagte einer der Polizisten und räusperte sich. "You **reported** that a horse was stolen last night, is that right?"

Der alte Hatson deutete auf die Stühle in seinem Garten. "Please **have a seat**", sagte er. "Can I **offer** you some tea, or a glass of water?"

"Thank you, sir! Tea would be a good idea", entgegnete der Polizist.

Während die Polizisten anfingen, Matt und Pam zu den Ereignissen der vergangenen Nacht zu befragen, half Cora Mr Hatson dabei, den Tee zu servieren. Dann setzten sich beide zu den anderen.

---

**everyone** alle
**reported** haben gemeldet
**Have a seat.** Nehmen Sie Platz.
**offer** anbieten

Pam hatte sich inzwischen wieder etwas beruhigt. Sie hatte aufgehört zu weinen und saß mit kreidebleichem Gesicht neben ihrer Mutter, die ihren Arm um sie gelegt hatte und ihr hin und wieder tröstend über die blonden Haare strich.
Cora erzählte nun, wie sie in der Nacht ein Pferd wiehern gehört hatte. "I don't know what time it was", sagte sie. "But it was very dark outside."
"Did you hear any other **noises**?", wollte der Polizist wissen.
Cora schüttelte den Kopf. "No, nothing." Sie fasste sich an die Stirn. "Why didn't I get up to have a look? Perhaps I **could have** stopped them."
"**Don't be upset**, Cora", versuchte Matt sie zu beruhigen. "No one could have known what would happen."
Cora schluckte und nickte. Nun richtete sich aller Aufmerksamkeit auf Mr Hatson. Er erzählte von seiner merkwürdigen Vision am Abend.
"I **heard** a noise. And after that I **saw** a shadow. But the kids **assured** me it was just the shadow of the tree." Er schaute betrübt vor sich hin. "Last month

---

**noises** Geräusche
**could have ...** hätte ... können
**Don't be upset.** Reg dich nicht auf.
**heard** habe gehört
**saw** habe gesehen
**assured** haben versichert

my horse Cheeky was stolen", fuhr Mr Hatson fort. "I never got him back."
"Mr Hatson **told** us that **several** horses have been stolen around here. Is that right?", erkundigte sich Matt.
"Yes, I'm afraid so", gab der Polizist zu. "**Unfortunately** we haven't **caught** the thieves yet. We're sure that it's **either** a **group** of **men** or **at least** two of them **working together**. One steals the horses and ponies, the other one sells them on **local markets** or through **newspaper ads**."
"But why did they take Diva? Why did they take her but not Mr Watson or Lucky?"
"They know a lot about horses", sagte der Polizist. "As you told us, Diva was quite expensive. We don't think their **vehicle** can transport **more than** two

---

**told** hat erzählt
**several** mehrere
**unfortunately** leider
**(have) caught** (haben) gefangen
**either** entweder
**group** Gruppe
**men** Männer
**at least** wenigstens
**working together** (die) zusammenarbeiten
**local markets** Märkte in der Umgebung
**newspaper ads** Zeitungsanzeigen
**vehicle** Fahrzeug
**more than** mehr als

horses **at a time**. Perhaps they wanted to take one of the others too and were **disturbed**.
Dann untersuchten die Polizisten die Stelle, wo der Wagen gestanden hatte, und telefonierten kurz mit ihrer Dienststelle. Schließlich verabschiedeten sie sich.
Nun kam der Moment, vor dem sich alle ein bisschen gefürchtet hatten. Sie mussten nach Hause. Mr und Mrs Fellows luden Mr Watson und Lucky in den Hänger. Matt und Cora bauten das Zelt ab und rollten die Schlafsäcke zusammen. Pam saß in der Zwischenzeit auf dem Rücksitz des Van und starrte blicklos vor sich hin.
"Poor Pam", sagte Cora leise zu Matt. "How **awful** for her."
Matt presste die Lippen zusammen. "I'll find her. I won't **give up until** I get Diva back."
Cora nickte. "And I'm going to help you."

---

**at a time** auf einmal
**disturbed** gestört
**awful** schrecklich
**give up** aufgeben
**until** bis

# Überraschung auf dem Pferdemarkt

Fünf lange Tage vergingen, ohne dass etwas Wesentliches passierte. Pam hatte jegliches Interesse an ihrer Umwelt verloren. Schweigend saß sie auf dem Sofa, schaute nicht fern, las nicht, aß kaum etwas und sprach nur das Nötigste. Aber was das Schlimmste war: Sie ging auch nicht zu den Pferden hinüber. Sie saß einfach nur da und starrte vor sich hin.

Ihr Vater hatte ihr angeboten, sein Pferd zu reiten, aber Pam hatte nur stumm den Kopf geschüttelt.

Cora saß oft bei ihr und versuchte, sie aufzumuntern oder sie wenigstens in ein Gespräch zu verwickeln, aber Pam antwortete nur einsilbig und sah so aus, als würde sie jeden Moment anfangen zu weinen.

So schloss sich Cora ein bisschen mehr Matt an, der täglich die Pferde versorgte. Sie half ihm bei der Arbeit und nahm zusammen mit ihm Reitstunden bei Lord. Aber richtig Spaß machte es ihnen beiden nicht.

Viel Zeit verbrachten sie auch damit, die Pferdeanzeigen in der lokalen Presse durchzustöbern, immer in der Hoffnung, zufällig auf Diva zu stoßen. Aber eine schwarze Hackneystute mit weißem Stern wurde nirgends angeboten.

Als sie eine Woche nach Divas Verschwinden alle zusammen beim Abendessen saßen und Pam wieder

einmal lustlos auf ihrem Teller herumstocherte, hatte ihr Vater ein Einsehen.
“Okay, **darling**!”, sagte er. “I know that you miss Diva a lot and I’d love to have her back as well. But we haven’t heard anything from the police yet and we **have to accept** that **we may never** see her again. It breaks my heart to see you in this **mood**. **You have to cheer up** a bit. Why don’t we drive to the horse market in Wildcliff tomorrow and buy you a new horse? I have no idea how we’re going to **afford** it, but your mother and I have talked about it and we think it’s the best thing to do. Perhaps we’ll find you a cob, or maybe **even** a hackney pony as **pretty** as Diva was.”
“There’s no pony as pretty as Diva”, sagte Pam.
“But we’ll go to the horse market and we’ll have a look at the horses and ponies there, okay?”
Pam wusste, dass jeder Widerstand zwecklos war, wenn ihr Vater sich einmal etwas in den Kopf gesetzt hatte. Sie nickte traurig.

---

**darling** Liebling
**have to accept** müssen akzeptieren
**we may never** wir werden vielleicht nie
**mood** Stimmung
**you have to cheer up** du musst auf andere Gedanken kommen
**afford** leisten
**even** sogar
**pretty** hübsch

Cora und Matt freuten sich. Ein Pferdemarkt war eine willkommene Abwechslung. Und wer wusste schon, was dort passieren könnte. Hatte der Polizist nicht gesagt, dass die Diebe ihre Beute auch auf Pferdemärkten anboten? Vielleicht war das ja ihre Chance, Diva wiederzufinden.

Am nächsten Tag brachen sie in aller Frühe auf. Mr Fellows koppelte seinen Pferdeanhänger an den Van.
“Who knows – perhaps we’ll find the horse of our **dreams**”, sagte er schmunzelnd.
Sie fuhren etwa eine halbe Stunde, bis sie in Wildcliff ankamen. Der Ort selbst war winzig, aber der Pferdemarkt, der auf einer Wiese außerhalb des Dorfes stattfand, war riesig und selbst zu dieser frühen Stunde gut besucht.
Pam ging mit ihrem Vater von einem Stand zum nächsten, Matt und Cora folgten in einigem Abstand.
“We’re looking for a hackney”, begann Pam immer sofort, bevor ihr Vater etwas sagen konnte.
“I have a nice brown **mare**”, erwiderte ein freundlich aussehender Verkäufer und zeigte auf ein langbeiniges braunes Pony.
“Do you have a black one too?”, wollte Pam wissen.
“No, I’m sorry.”

---

**dreams** Träume
**mare** Stute

So ging das nun schon seit einer Stunde. Pam bestand auf einer schwarzen Hackneystute mit weißem Stern auf der Stirn. Sie wollte schon weiterlaufen, aber ihr Vater hielt sie fest.

"Stop, Pam. Please take a look at this pony. It's not black, but it looks intelligent and friendly."

Cora sah sich das Pony an und gab Pams Vater stillschweigend recht.

"You're right, **mister**", mischte sich nun der Pferdehändler ein. "**Duty** is one of my prettiest ponies. We **breed** hackneys on our farm, you know. She's the most **promising** one we've had for the **past** three years."

"This is very interesting", strahlte Mr Fellows und schob Pam zu dem Mann hinüber. "My daughter loves hackneys above all others. Her pony was stolen last week and she's very sad about it."

"Oh, I'm sorry to hear that. Come on", nickte der Pferdehändler Pam zu. "Have a ride on Duty. You'll love her as much as you loved the other one."

Das hätte er besser nicht sagen sollen, denn nun verzog Pam wieder das Gesicht, als wolle sie anfangen zu weinen.

---

**mister** Herr *(Anrede, auch ohne Name gebräulich)*
**duty** Pflicht *(hier als Name)*
**breed** züchten
**promising** vielversprechend
**past** vergangen

"Oh please, Pam, just **try her out**", versuchte Cora sie zu überreden. "I'm sure you'll feel better **afterwards**."
Pam schluckte. Dann nickte sie. Der Pferdehändler half ihr, den Sattel aufzulegen, und stellte die Bügel auf die richtige Länge. Gemeinsam gingen sie zum provisorischen Abreitplatz hinüber, der am Rand des Marktes angelegt war. Pam stieg auf. Kaum saß sie auf dem Ponyrücken, umspielte ein leichtes Lächeln ihre Mundwinkel.
Langsam ritt sie im Schritt in der Runde.
Cora wurde es langweilig.
"I'll walk around a bit and have a look for a horse for **myself**", sagte sie lachend zu Matt. "Perhaps your father will buy one for me too."
"I'm sure he will", grinste Matt.
Staunend schlenderte Cora über den Pferdemarkt. Wunderschöne Pferde und Ponys gab es hier zu sehen. Isländer in allen Farben, kleine Shetties neben riesenhaften Shirehorses, kräftige Norweger, elegante Dartmoor-Ponys und in einer Ecke standen sogar zwei große, zottelige graue Esel.
Cora war begeistert. Esel – die liebte sie fast noch mehr als Ponys. Eilig ging sie zu ihnen hinüber, um

---

**try her out** probiere sie aus
**afterwards** danach
**myself** mich selbst

sie zu streicheln. Und dann, ganz zufällig, fiel ihr Blick auf einen Hänger mit einem Pony. Einem schwarzen Pony. Mit einem weißen Stern auf der Stirn.
“Diva?”, fragte Cora leise.
Das Pony starrte vor sich hin und nahm keine Notiz von dem Mädchen.
“Diva”, fragte Cora noch einmal und trat näher an den Hänger heran.
“What are you doing here?”, herrschte sie plötzlich jemand an.
Cora zuckte zusammen. Vor ihr stand ein hagerer junger Mann, der nicht besonders sympathisch aussah.
“Nothing”, erwiderte Cora. “I just wanted to stroke the horse.”
“I don’t like that!”, schnauzte der Typ weiter. “Horses aren’t **pets** for **little** girls.”
Aber Cora ließ sich nicht so einfach abwimmeln.
“Why is the pony in the **trailer**? Did you just buy it?”, fragte sie.
“I don’t know why you should be **interested** in my **affairs**”, fauchte der Typ weiter.

---

**pets** Haustiere
**little** klein
**trailer** Anhänger
**interested** interessiert
**affairs** Angelegenheiten

Cora stand wie erstarrt. Irgendetwas war hier faul – oberfaul sogar. Sie war nett, sie streichelte ein Pferd, sie begann ein freundliches Gespräch, aber dieser Typ versuchte sie mit seinem Von-der-Seite-Beißen wegzuekeln. Ein richtiger Dobermann!
Cora lächelte. "Thank you. It was a **pleasure** speaking to you!", sagte sie und wandte sich zum Gehen.
Der Typ raunzte etwas, das Cora nicht verstand. Aber es war ja auch egal, was er zu sagen hatte. Hauptsache, Pam und Mr Fellows waren so schnell wie möglich zur Stelle, um sich das Pony anzusehen.
In aller Eile versuchte Cora, zu den anderen zurück zu finden. Sie war dabei so in Gedanken, dass sie fast mit einem älteren Mann zusammengestoßen wäre, der es seinerseits besonders eilig hatte.
"Sorry", sagte Cora erschrocken.
Doch der Mann gab nur ein unfreundliches Grunzen von sich, schob sie zur Seite und hastete weiter, ohne sich weiter um sie zu kümmern. Kein Zweifel, er war auf dem Weg zu dem Dobermann. Vielleicht waren die beiden Kumpel und wickelten gemeinsame Geschäfte ab. Und vielleicht war ihm aufgefallen, dass Cora das Pony bekannt vorgekommen war.
Umso wichtiger, die anderen zu suchen! Cora ging schneller. Doch der Pferdemarkt war gut besucht und überall hatten sich Menschentrauben gebildet.

---

**pleasure** Vergnügen

Endlich entdeckte Cora Mr Fellows und die beiden Geschwister am Stand des Pferdezüchters, dessen braune Hackneystute Pam Probe geritten hatte. Mr Fellows und Pam hatten gerade mit den Verkaufsverhandlungen begonnen und Matt stand ein bisschen abseits und hörte ihnen zu.
"Matt?" Cora fasste ihn an der Schulter.
Matt fuhr herum und sah sie fragend an. "Yes?"
"There's a pony that looks **exactly** like Diva on the other **side** of the market."
Matt riss überrascht die Augen auf. "What did you say?"
"It's true. At first I couldn't believe it myself. But it must be her. It's a black hackney pony with a star between its eyes."
"Are you sure?" Matt wurde ganz aufgeregt.
"**Positive**. And the **owner** is not very friendly. He **doesn't like** girls who ask questions."
Matt zögerte keine Sekunde. So schnell er konnte, stürzte er mit Cora zum anderen Ende des Marktes.
Das schwarze Pony stand jetzt neben dem Hänger und schaute auf den Boden. Matt ging sofort zu ihm hin und streichelte es.

---

**exactly** genau
**side** Seite
**positive** *hier:* absolut sicher
**owner** Besitzer
**doesn't like** mag nicht

“Diva”, sagte er leise.
Die Stute hob den Kopf und sah Matt an. Ihr Blick war unendlich traurig.
Jetzt sah Cora die beiden Männer im Gespräch miteinander, den Dobermann und den Typ, den sie beinahe umgerannt hatte. Sie schauten verärgert zu ihr und Matt herüber. Der Dobermann setzte sich in Bewegung und kam auf sie zu.
“**Get lost!**”, zischte er. “I don’t like children stroking the horses. Horses aren’t pets.”
Den Spruch hatte Cora schon einmal gehört.
“It’s a hackney, isn’t it?”, erkundigte sich Matt. “We want to buy a hackney. Are you selling her?”
Der Typ schien zu spüren, dass etwas nicht in Ordnung war. “No”, sagte er wütend. “I just **bought** her today. **Bad luck**.” Und er begann, verschiedene Dinge in den Hänger zu laden.
Dass an diesem Typen irgendetwas oberfaul war, konnte man schon von Weitem riechen. Cora beschloss, so schnell wie möglich Pam und deren Vater zu holen. Hoffentlich hatte sie noch genügend Zeit. Zu dumm, dass sie nicht gleich eben daran gedacht hatte. Mit Matt allein würde sie wahrscheinlich nichts ausrichten können. Sie drehte sich auf dem Absatz um und rannte über den Pferdemarkt. Einige

---

**Get lost!** Haut ab!
**bought** habe gekauft
**bad luck** Pech

Pferde warfen erschrocken die Köpfe und eine alte Frau schimpfte, als Cora sich etwas unsanft an ihr vorbeidrängte. Aber sie hatte keine Zeit für Erklärungen oder Entschuldigungen.
Endlich war Cora bei Pam und deren Vater angekommen.
"Mr Fellows!", rief Cora so laut, dass das Pferd, das Pam am Halfter hielt, nervös zu tänzeln begann.
"Mr Fellows, Pam, **hurry up!** We've found Diva! I'm sure it's her. But the people with her **are about to** leave."
Pam zögerte keine Sekunde. Mit einem hastigen "Thank you" drückte sie dem Verkäufer den Halfestrick in die Hand und rannte hinter Cora her. Auch Mr Fellows folgte ihnen, ohne dem Pferdezüchter die Situation zu erklären.
Die drei hetzten über den Pferdemarkt, als ginge es um Leben und Tod. Als sie bei dem Dobermann angekommen waren, hatte der bereits das Pony verladen und saß am Steuer seines Pickups.
"Stop!", rief Mr Fellows und stellte sich vor den Wagen. "Stop! I want to have a look at your horse."
Der Dobermann machte ein Gesicht, als wolle er Mr Fellows am liebsten über den Haufen fahren. Dann aber schien er sich zu besinnen und stieg aus.

---

**Hurry up!** Beeilt euch!
**are about to** werden gleich

“**What’s the matter?**”, fragte er in dem wütenden Tonfall, den Cora schon von ihm kannte.
“May we see your horse?”, fragte Jack Fellows. “It may be our pony that was stolen last week.”
“**Rubbish!**”, zischte der Dobermann. “She’s my pony. She’s called **Picky**!”
“Picky”, flüsterte Matt Cora ins Ohr. “What a **silly** name.”
“Let’s have a look at your Picky!”, forderte Mr Fellows. “Otherwise we’ll call the police.”
“I’m the one who should call the police”, schimpfte der Dobermann. “What do you want?”
Die beiden Männer standen sich wütend gegenüber. Erleichtert stellte Cora fest, dass Pams Vater mindestens einen Kopf größer war als der Pferdehändler und deutlich durchtrainierter. Angst musste er vor dem fiesen Kerl also nicht haben.
“**As I said before**, we just want to have a look at your pony”, sagte Mr Fellows gerade in versöhnlichem Tonfall.
Auch der Dobermann schien zur Besinnung zu kommen, und so ging er um den Hänger herum und ließ die Laderampe herunter.

---

**What’s the matter?** Was ist los?
**Rubbish!** Unsinn!
**Picky** *etwa:* Wählerisch *(hier als Name)*
**silly** doof
**as I said before** wie ich bereits sagte

Pam kletterte sofort in den Hänger, und im selben Moment hatte sie schon ihre Arme um den Hals der schwarzen Stute geschlungen.
"Diva", schluchzte sie. "Oh, Diva. Where've you been? I missed you so much!"
Nun gab es einen Tumult, der seinesgleichen suchte. Der Dobermann und Mr Fellows begannen, sich so laut miteinander zu streiten, dass immer mehr Menschen zusammenliefen und einen Halbkreis um die beiden bildeten.
"I'm calling the police. You're a thief", brüllte Pams Vater.
"I'll call my **lawyer**. I'll **sue** you for **slander**!"
So ging es hin und her. Als die Männer immer mehr in Rage gerieten, verstand Cora kaum noch etwas. Die Wörter "thief" und "**criminal**" fielen, und beide Parteien schrieen sich an und beschuldigten sich gegenseitig, das Pony gestohlen zu haben oder stehlen zu wollen.
"There was **another** man", raunte Cora Matt zu. "They seemed to be partners."
"And where is he now?", wollte Matt wissen.
Cora drehte sich um, ging dann ein Stückchen wei-

---

**lawyer** Anwalt
**sue** verklagen
**slander** Verleumdung
**criminal** Verbrecher
**another** ein anderer; noch ein

ter und betrachtete die umstehenden Pferdeverkäufer mit scharfem Blick. Da war er, am Rand des Gedränges. Auch er schien seine Pferde recht plötzlich aufgeladen zu haben. Sie standen in einem größeren Pferdetransporter. Als er sah, dass Cora ihn beobachtete, beeilte er sich noch mehr. Ungeduldig versuchte er, das letzte seiner Tiere auf den Hänger zu laden, doch das Pferd schien sich zu ängstigen. *Klatsch!* Die Peitsche sprach ihre eigene Sprache und das verängstigte Tier sprang mit rollenden Augen auf die Rampe.

"There he is!", rief Cora Matt zu. "**He's trying** to **get away**!"

Cora und Matt drängten sich durch die Menschenmenge, aber dem Mann schien an einem Gespräch nicht gelegen zu sein. Schnell kletterte er in die Führerkabine des Pferdetransporters und verriegelte die Tür. Dann ließ er den Motor an.

"Try to **memorize** the **number plate**!", rief Matt Cora zu, die es irgendwie geschafft hatte, sich schneller durch die Menschenmenge zu schieben, und ihm ein gutes Stück voraus war.

Aber das war leichter gesagt als getan. Der Mann gab Gas und fuhr mit seinem Transporter direkt auf Cora zu.

---

**he's trying** er versucht
**get away** abhauen
**memorize** (dir) einprägen
**number plate** Nummernschild

“Cora! **Watch out!**”, rief Matt und riss sie gerade noch rechtzeitig zur Seite.
Benommen rappelte Cora sich auf. Sie zitterte am ganzen Leib. “He wanted … he wanted to **kill** me”, stotterte sie.
Matt nahm sie beruhigend in den Arm. “No, Cora, I don’t think so”, erwiderte er. “He didn’t want to kill you, he just wanted to get away as quickly as **possible**.”
Cora hatte sich schnell wieder gefasst. “Oh no!”, stöhnte sie dann. “I was so scared, I **didn’t even** take a look at his number plate.”
“Don’t be angry with yourself”, versuchte Matt sie zu trösten. “I’m glad you’re not **hurt**.”
Niedergeschlagen machten die beiden sich auf den Rückweg zu Pam und ihrem Vater.

---

**Watch out!** Pass auf!
**kill** töten
**possible** möglich
**didn’t even** habe nicht mal
**hurt** verletzt

# Eine gefährliche Krankheit

Mr Fellows und der Dobermann waren gerade dabei, sich zu einigen, als Matt und Cora bei ihnen ankamen. Offensichtlich war dem Dobermann nicht daran gelegen, die Polizei zu rufen, und Pams Vater wollte Diva ohne größere Probleme zurückhaben. So einigten sie sich schließlich auf eine relativ geringe Geldsumme.

Pam stand die ganze Zeit neben Diva und streichelte sie unaufhörlich. Dabei liefen ihr Freudentränen übers Gesicht.

Dann endlich war es so weit. Pam führte Diva zu ihrem Hänger, in den die Stute ohne Probleme einstieg.

Während der Fahrt nach Hause wurde nicht viel gesprochen. Alle waren müde und erschöpft, aber überglücklich. Als sie schließlich auf dem Hof der Fellows ankamen, waren Mrs Fellows und Lord gerade auf dem Weg zum Pferdestall. Sie stellten ihre Futtereimer ab und lief dem Van entgegen. Pam kurbelte das Fenster herunter.

“Mum!”, schrie sie, so laut sie konnte. “We got Diva back! She’s back! I got her back!”

Ihre Mutter riss erstaunt die Augen auf. “She’s back? Oh my **God**, that’s wonderful.”

---

**God** Gott

Sie wischte sich verstohlen ein paar Tränen aus den Augenwinkeln und auch Lord strahlte zufrieden. Kaum hatte ihr Vater die Handbremse angezogen, sprang Pam auch schon aus dem Auto und fiel ihrer Mutter um den Hals. Dann drückte Mrs Fellows der Reihe nach Cora, Matt und ihren Mann, während Cora und Pam sich noch einmal in den Armen lagen. Zuletzt drückte Pam sogar dem zurückhaltenden Reitlehrer einen dicken Kuss auf die Wange. Der sah allerdings angesichts dieses Gefühlsausbruchs ein bisschen überfordert aus.

"And now, look at my pony!", rief Pam und öffnete die Klappe. Behutsam stieg sie auf die Ladefläche, band Diva los und ließ sie vorsichtig nach draußen treten.

Diva wusste sofort, wo sie war. Sie warf den Kopf zurück und stieß ein schrilles Wiehern aus, das mit viel Geschnaube und Wiehern aus dem Stall beantwortet wurde.

Pam strahlte. "Look how happy she is. Come on, Diva, I'll take you back to Mr Watson and the others." Sie nahm den Strick, um Diva zum Stall zu führen.

"**Hold on**, Pam!", rief Lord plötzlich. "Stop!"

Pam blieb stehen und sah ihn verwundert an.

Der Reitlehrer kam näher.

---

**Hold on.** Warte mal.

"Did you see this?", fragte er und zeigte auf eine Ausbuchtung an Divas Nüstern.
"No, I **didn't notice** it", erwiderte Pam irritiert. "Perhaps she was hurt by some other horse."
"And what about the yellow **mucus** coming from her nose?"
"I didn't notice it", erwiderte Pam erneut, und jetzt sah sie besorgt aus.
Inzwischen war ihr Vater näher gekommen und besah sich den Ausfluss genauer. Die beiden Männer unterhielten sich eine Weile im Flüsterton, und Cora verstand nur, dass sie sich über eine Pferdekrankheit unterhielten, die sehr schlimm zu sein schien.
Schließlich wandte sich der Reitlehrer an sie. "Pam", sagte er. "Don't be afraid, but Diva may be ill. She's showing **symptoms** of a very dangerous **equine illness**. It's called **strangles**. I'm not sure **whether** she's really got it but we should be careful and **isolate** her from the others until the **vet** has been here to see her. Strangles can **spread** to other horses very quickly."

---

**didn't notice** habe nicht bemerkt
**mucus** Schleim
**symptoms** Symptome
**equine illness** Pferdekrankheit
**strangles** Druse
**whether** ob
**isolate** isolieren
**vet** Tierarzt
**spread** sich verbreiten

Pams Gesicht war jetzt so weiß wie die Stallwand hinter ihr. "Oh no", flüsterte sie tonlos.
"Don't worry, Pam", versuchte Cora sie zu trösten. "Perhaps she's only caught a cold."
"But even if she's just caught a cold, it's still better to isolate her", erwiderte Mr Fellows. "Take her to the stable **on the far side** of the field. We'll call the vet to see her **as soon as** possible."

Der Tierarzt kam eine Stunde später. Er maß die Temperatur und untersuchte Diva sehr gründlich. Dann nahm er auch Schleim aus der Nase, um ihn in der Praxis genauer zu analysieren.
Als er nach zwei Stunden anrief, um Bescheid zu geben, dass Diva tatsächlich nur unter einer Erkältung litt, waren alle erleichtert. Ein Pferdehusten war schlimm, aber verglichen mit der Ansteckungskrankheit Druse war er harmlos.
"I'm going to sleep in the stable with her tonight", verkündete Pam beim Abendessen.
"I'll **join** you", rief Cora begeistert.
"Me too", stimmte auch Matt ein.
Mr und Mrs Fellows hatten nichts dagegen einzuwenden, und so holten die drei ihre Schlafsäcke, ver-

---

**on the far side** auf der anderen Seite
**as soon as** so bald wie
**join** (mich) anschließen

teilten etwas Stroh auf der Stallgasse und legten sich schlafen.

Etwas später kam Mrs Fellows noch einmal vorbei, um Apfelsaft und Kekse für die Nacht zu bringen.

“**Good night, sleep tight, don’t let the bugs bite**”, sagte sie. Sie küsste Pam und Matt, der sich verlegen gegen die Zärtlichkeiten seiner Mutter wehrte, und drückte Cora fest an sich.

Die drei waren von den Ereignissen des Tages so aufgewühlt, dass sie nicht gleich einschlafen konnten. Also lagen sie da und lauschten in die Dunkelheit. Das Stroh pikste ein bisschen und einmal hörten sie eine Fledermaus durch die Nacht fliegen. Diva hustete noch eine Weile, dann aber ließ sie sich schnaubend ins Stroh fallen und streckte die Beine von sich.

“I’m so happy she’s back”, flüsterte Pam.

“**So am I**”, sagte Cora.

Einen Moment lang war es ruhig. Cora glaubte schon, ihre Freunde wären eingeschlafen. Dann begann Pam erneut zu sprechen.

“The man who **sold** Diva to us has a farm just on the other side of Redstairs, three miles **away**”,

---

**Good night, sleep tight, don’t let the bugs bite.** *Beliebter englischer Gute-Nacht-Gruß, heißt wörtlich:* Gute Nacht, schlaft gut, lasst euch nicht von den Wanzen beißen.
**So am I.** Ich auch.
**sold** hat verkauft
**away** entfernt; fort

flüsterte sie. "Isn't it **strange** that we'**ve** never **met** him before?"
"How do you know where he lives?", wunderte sich Cora.
"Dad **insisted** on getting a **receipt** when we bought Diva back from him."
"If it's only three miles away, we should go and take a look at his farm", überlegte Matt. "Perhaps he's got some other stolen horses in his stables."
"That's a good idea", stimmte Cora zu. "Matt, why don't we go there **right now**?"
"Oh no!", rief Pam entsetzt. "Not tonight. Mummy and Dad would never agree. Let's wait till tomorrow. Dad can take us there to have a look around."
Aber Matt und Cora ließ die Idee nicht wieder los.
"Please Pam, look for the receipt", bettelte Cora. "We'll go by bike and we'll be back in no time."
Pam versuchte zwar noch, ihre Freundin und ihren Bruder zum Bleiben zu überzeugen, aber die beiden hatten sich so sehr in ihr Abenteuer geredet, dass es ihr nicht gelang. Schließlich schlich sie in das Arbeitszimmer ihres Vaters, fand die Quittung auf dem Schreibtisch und notierte sich die Adresse:

---

**strange** seltsam
**(have) met** (haben) getroffen
**insisted** hat darauf bestanden
**receipt** Quittung
**right now** jetzt sofort

Michael Rumsey
45 Longfleet Road
Hamworthy

Matt war begeistert, als er die Adresse las.
“Hamworthy – well, I know where that is. Come on, girls, let’s go for a little **bike ride**.”
“Not me, **brother dear**!”, ließ sich nun Pam vernehmen. “I’m staying here with Diva. And if you aren’t back by two o’clock in the morning, I’ll tell Mummy and Dad and we’ll call the police.”
“Okay”, lachte Matt. “So I can be sure you’ll help me if I get in **trouble**. Will you join me, Cora?”
“What a question! Of course”, erwiderte Cora. Es ging nichts über richtig coole Detektivferien.
Pam war es gar nicht recht, dass die anderen sich auf den Weg machen wollten. Aber sie kannte ihren Bruder – wenn seine Abenteuerlust erst einmal geweckt war, gab es kein Zurück mehr.
“Please be careful”, bat sie.
“Sure”, erwiderte Matt gelassen.
Leise schlichen Cora und Matt aus dem Stall und stiegen auf die Räder. Pam sah ihnen ein wenig unglücklich nach.

---

**bike ride** Fahrradtour
**brother dear** *etwa:* Bruderherz
**trouble** Ärger

# Eine Nacht im Stall

Cora kam es vor, als führen sie stundenlang durch die Nacht. Sie war froh, dass sie Matt davon hatte überzeugen können, die Fahrradlampen einzuschalten, nachdem sie erst einmal den Hof der Fellows hinter sich gelassen hatten – er hatte das eigentlich nicht tun wollen, damit sie niemand bemerkte. Aber schließlich hatte er doch eingesehen, dass es zu gefährlich war, ohne Licht durch die Nacht zu radeln, auch wenn der Vollmond am Himmel stand.

Endlich erreichten sie Hamworthy – jetzt konnte es nicht mehr weit sein. Die Longfleet Road war schnell gefunden. Es war die Hauptstraße, die durch den Ort führte. Und da, auf der anderen Seite des Dorfes, ein bisschen außerhalb inmitten von Feldern gelegen, war ein Bauernhof. Das musste es sein.

Vorsichtig radelten Matt und Cora weiter. An der Abzweigung zum Feldweg, der zum Bauernhof führte, schalteten sie ihre Fahrradlampen aus. Jetzt ging es zu Fuß weiter. Sie schoben ihre Räder bis zur Hofeinfahrt, wo sie sie an die Außenmauer eines Gebäudes lehnten. Auf Zehenspitzen schlichen sie weiter. Im Wohngebäude brannte trotz der späten Stunde noch Licht. Ein Fenster war hell erleuchtet und Cora konnte die Umrisse eines Mannes sehen, der im Zimmer dahinter auf und ab ging. An der rechten Seite des Hofes schienen die Ställe zu sein. Es roch

streng nach Pferd. Auch Matt schien den Geruch bemerkt zu haben.
"Shall we **slip into** the stables?", flüsterte er.
Cora zuckte die Achseln. "I'm not sure. What do you think?"
"I think we probably shouldn't **trespass on someone else**'s **property**", gab Matt zu bedenken. Cora wollte ihm gerade zustimmen, da zupfte sie jemand am Ärmel.
Erschrocken schrie Cora auf. Dann hielt sie sich schnell die Hand vor den Mund und fuhr herum. Ein Pferd! Es hatte den Kopf aus einem offenen Stallfenster gestreckt und knabberte genüsslich an ihrem T-Shirt.
"I **nearly died** of a **heart attack**!", flüsterte sie und hatte Mühe, wieder Luft zu bekommen. Dann streichelte sie den Pferdekopf.
"I **thought** you loved horses", sagte Matt. Cora war sich ziemlich sicher, dass er sich nur mit Mühe ein Lachen verkniff.

---

**slip into** uns hineinschleichen
**trespass on** verbotenerweise betreten
**someone else** jemand anders
**property** Grundbesitz
**nearly** fast
**died** bin gestorben
**heart attack** Herzinfarkt
**thought** habe gedacht

In diesem Moment blieb der Mann hinter dem Fenster stehen und schien auf den Hof zu schauen.
“Let’s hide **somewhere**”, flüsterte Matt und zog Cora dicht an die Stallwand.
Im Haus wurde das Licht ausgeschaltet. Da auch der Mond sich gerade hinter eine Wolke verzogen hatte, war es plötzlich stockdunkel auf dem Hof. Cora konnte sich gut vorstellen, dass der Dobermann erneut hinter dem Fenster stand und in die Dunkelheit schaute. Sie ärgerte sich über sich selbst, dass sie vorhin so laut geschrieen hatte.
Regungslos stand sie neben Matt an die Stallwand gepresst und starrte auf die dunkle Fensterscheibe. Nach einer Weile wurde das Licht wieder angeschaltet und der Schatten entfernte sich.
“**Phew!**”, flüsterte Matt erleichtert.
“Okay, I’ve had enough adventures for one day. Now we know where Mr Rumsey lives. We can come back tomorrow with your dad”, schlug Cora vor.
Matt nickte. Auch er wollte jetzt so schnell wie möglich nach Hause.
Sie waren schon wieder fast bei ihren Rädern angekommen, als sie ein Pferd husten hörten. Es war ein trockener, harter Husten, und es hörte sich gar nicht gut an.

---

**somewhere** irgendwo
**Phew!** Puh!

“Diva’s not the **only** one with a cough”, flüsterte Cora. Matt nickte.
Sie horchten eine Weile. Das Pferd hustete und hustete. Es klang sehr elend.
“Let’s go back and have a look at him”, flüsterte Cora.
Doch Matt schüttelte energisch den Kopf. “Are you crazy? You can’t do anything to help him.”
Wieder hustete das Pferd. Cora lauschte voller Mitleid. “Just to have a look”, sagte sie leise. “Perhaps I can talk to him.” Und noch bevor Matt ihr sagen konnte, wie idiotisch er diese Idee fand und dass das wieder einmal typisch Mädchen wäre und ihnen nichts als Ärger einbrächte, war Cora schon am Stall. Leise öffnete sie die Tür und trat ein. Schemenhaft nahm sie Pferde wahr, hier lag etwas Heu, daneben ein paar Strohballen. Und dort hingen Besen und Forken an der Wand.
Ob sie es wagen sollte, das Licht anzuschalten? Andererseits wäre es möglich, dass dann alle Pferde wach wurden und den Dobermann mit ihrem Lärm anlockten.
Wieder hustete ein Pferd. Cora bemerkte jetzt, dass es aus der Box gegenüber kam. Sie schaute über die Tür und sah die Umrisse eines Ponys, das den Kopf tief hängen ließ und hustete.

---

**only** *hier:* einzige(r)

Cora tastete die Boxentür entlang bis zum Riegel und schob ihn auf.
Das Pony hustete erneut. Leise schlüpfte Cora zu ihm.
"Hallo, mein Kleiner", flüsterte sie. "Was ist denn mit dir los? Bist du krank?" Ob das Pony sie verstand? Vielleicht musste sie Englisch mit ihm reden. "Are you ill?"
Das Pony zuckte zusammen, als Cora ihm den Hals streichelte. Dann drehte es sich zu dem Mädchen um und hustete erneut.
Jetzt öffnete sich die Stalltür und jemand ging die Stallgasse entlang. Cora lauschte mit klopfendem Herzen.
"Cora?", hörte sie Matt leise rufen. "Where are you? Come on, let's go. There's a car coming."
Cora schaute aus der Boxentür.
"A car? This late? Are you sure?"
"Well, I think so."
Kaum hatte Matt den Satz zu Ende gesprochen, hörten sie auch schon ein Auto vorfahren.
"Hurry up! Let's hide!", zischte Matt Cora zu.
Sie duckten sich hinter einen Strohballen und lauschten. Eine Wagentür wurde zugeschlagen, und zwei Männer begrüßten einander lautstark. Und dann hörte es sich so an, als kämen die Männer direkt auf den Pferdestall zu.
Gehetzt sahen sich Matt und Cora um.

“**This way!**”, flüsterte Cora und schob Matt in die Box zu dem hustenden Pony. Sie schlossen die Boxentür und ließen sich dahinter ins Stroh sinken.
“This way!”, hörten sie nun eine Männerstimme wie ein Echo, und dann wurde die Stalltür aufgerissen.
*Klack!*, machte es und eine grelle Neonröhre erhellte den Stall. Matt und Cora drängten sich so eng sie konnten an die Boxentür. Das kranke Pony hatte sich jetzt zu ihnen umgedreht und beäugte sie verwundert. Bitte, bitte, halt schön still und verrate uns nicht, dachte Cora verzweifelt.
“I don’t know what’s wrong with him”, sagte der eine Mann nun, der wohl Mr Rumsey war. “He**’s been coughing** all day.”
“I noticed”, sagte die andere Männerstimme. “It **sounds** awful. Where did you get this pony?”
“Owen **brought** him to me. If he’s as ill as the hackney I sold today, I’ll soon have a big problem with the other horses.”
Die beiden Männer blieben vor der Box mit dem hustenden Pony stehen. Sie lehnten sich mit den Unterarmen auf die Boxentür und betrachteten den Braunen. Cora meinte, ihren Atem im Nacken spüren zu können.

---

**this way** hier entlang
**has been coughing** hat gehustet
**sounds** klingt
**brought** hat gebracht

“This is really dangerous”, begann der fremde Mann nach einer Weile. “One coughing pony can **infect** the whole group.”
“You’re right!”, erwiderte der Dobermann.
Yes, you’re right, dachte Cora. Now **go away**!
Aber die Männer dachten nicht daran, zu verschwinden. Im Gegenteil. Sie beabsichtigten, in die Box zu treten. Cora hörte, wie sie am Riegel zogen.
Oh nein, dachte sie verzweifelt. Warum in aller Welt musste ich in diesen Stall gehen?
Sie schaute zu Matt und sah sofort, dass er einen Überraschungsangriff starten wollte. In dem Moment, als sich die Boxentür öffnete, sprang er auf, richtete sich kurz zu voller Größe auf und rannte dann aus der Box. Cora schoss hinter ihm her.
“Hey!”, rief der Dobermann. “Stop!”
Matt und Cora stürmten die Stallgasse entlang zum Ausgang. Die Männer waren ihnen dicht auf den Fersen. Die Stalltür stand einen Spalt weit auf. Cora und Matt zwängten sich durch, schlossen die Tür und schoben den Riegel vor.
Die beiden Männer hämmerten von innen gegen die Tür. “Who are you? What are you doing here? Open the door **at once**! Open the door!”

---

**infect** anstecken
**Go away.** Geht weg.
**at once** sofort

Matt und Cora rannten zu ihren Rädern, sprangen hinauf und rasten so schnell sie konnten den Feldweg hinunter.
"Cora, stop!", rief Matt plötzlich. "There's a car coming up behind us!"
Cora bremste und horchte. Tatsächlich. Ein Motorengeräusch. Blitzschnell sprangen Cora und Matt von ihren Rädern, warfen sie in den Graben, der am Rand des Feldwegs entlangführte, und duckten sich zusammen hinter einen Busch.
"Do you think it's the police?", wollte Cora wissen.
Matt schüttelte den Kopf. "No! A police car would have its **lights** on, don't you think? It's coming from the farm we've just left. It can only be **those** two men."
Jetzt fuhr das Auto an ihnen vorbei. Die Kinder sahen einen blauen Ford, in dem der Fremde am Steuer und der Dobermann daneben saßen. Konzentriert blickten sie um sich. Cora und Matt drängten sich enger ins Gebüsch. Die Männer schienen sie nicht gesehen zu haben.
Matt und Cora schauten dem Auto nach. An der Einmündung zur Landstraße bogen die Männer nach links ab. Cora atmete auf. Mit zitternden Knien holten sie und Matt die Räder aus dem Graben und machten sich auf den Heimweg.

---

**lights** Lichter, *hier:* Scheinwerfer
**those** jene

# Gefangen!

Pam hatte in der Zwischenzeit kein Auge zugemacht. Immer wieder sah sie auf die Uhr. Seit drei Stunden waren ihr Bruder und ihre Freundin nun schon unterwegs. Das war eindeutig zu lange. Warum war sie bloß nicht mitgefahren? Sie hätte den beiden doch helfen können. Oder noch besser: Warum waren sie nicht einfach alle zusammen hier geblieben und hatten bis morgen gewartet?
Pam wollte schon ihre Eltern wecken. Da hörte sie plötzlich ein leises Geräusch, und kurz darauf öffneten Matt und Cora die Tür.
"Oh, I'm so glad to see you", rief Pam erleichtert. "I was so **worried** about you. **What took you so long?**"
Und dann erzählten Matt und Cora ihr die ganze Geschichte. Es dauerte lange, bis sie in dieser Nacht zum Schlafen kamen.

Am nächsten Morgen kam der Tierarzt wieder, um Diva zu untersuchen. Er war zufrieden.
"She seems a bit better", stellte er fest. "I'll give her another **injection**."

---

**worried** besorgt
**What took you so long?** Wieso habt ihr so lange gebraucht?
**injection** Spritze

Cora und Pam schauten dem Tierarzt zu, wie er die Spritze aus seinem Köfferchen zog, eine Stelle an Divas Bein vereiste und ihr die Spritze setzte. Diva zuckte nicht einmal zusammen.
"**Well done**", lobte Pam und klopfte ihrem Pony den Hals.
"**By the way**", begann Cora vorsichtig. "Do you know a farmer called Michael Rumsey?"
"Never heard of him."
"He lives in Hamworthy and **owns** a couple of horses. He's **tall** and not very friendly."
"Ho!", rief der Tierarzt. "Now I know who you're talking about. I **didn't recognize** the name, but of course I know him. **If I were you** I'd keep as far away from him as possible. He's **mixed up** in some **illegal business**, I think. He'**s lost** all his money **at cards**. He's got horses on his farm, you said? I wonder how he **manages** to feed them."

---

**Well done.** Gut gemacht.
**by the way** übrigens
**owns** besitzt
**tall** groß
**didn't recognize** habe nicht erkannt
**if I were you** an deiner Stelle
**mixed up** verwickelt
**illegal business** illegales Geschäft
**(has) lost** (hat) verloren
**at cards** beim Kartenspielen
**manages** es schafft

"Aha", erwiderte Cora und beschloss, diese Neuigkeiten sofort an Matt weiterzugeben.

Der Gedanke an das kranke Pony ließ vor allem den Mädchen keine Ruhe. Sie überlegten, was sie am besten tun könnten. Pam und Matt waren dagegen, den Eltern Bescheid zu geben – sie hatten Angst, wegen Matts und Coras nächtlichen Ausflugs bestraft zu werden. Cora war nicht wohl bei der Sache, aber schließlich ließ sie sich von den Geschwistern überzeugen, dass sie noch einmal auf den Hof des Dobermanns fahren mussten, um nach dem Rechten zu sehen. Die beiden hatten recht: Was sollte ihnen am helllichten Tag dort schon zustoßen? Also verkündeten sie beim Mittagessen, sie wollten am Nachmittag eine Fahrradtour unternehmen.

"A bike ride?", wunderte sich Mrs Fellows. "What's happened to you? Did you get **bored** of horses?"

"Oh, Mrs Fellows", lachte Cora. "I'll never get bored of horses. But we want to **visit** Poole. I heard there are some nice museums and churches there."

"Museums and churches?", wiederholte Mrs Fellows ungläubig.

Cora beschloss, das Gespräch nicht weiter zu vertiefen, um sich nicht in Widersprüche zu verwickeln. Sie lächelte kurz und verschwand mit Matt und Pam.

---

**bored** gelangweilt
**visit** besuchen

"Museums and churches!", schnaubte Matt, während er kräftig in die Pedale trat. "I'm sure she's never heard anything like that from any of our **guests** before. By the way, Pam, did you take your camera with you? We should take **pictures** of the horses and **check** them **against** the pictures of stolen ones in the horse **magazines**."

"I had the same idea!", lachte Cora und zeigte ihre kleine Digitalkamera.

Eine halbe Stunde später kamen die drei an der Abzweigung zu Mr Rumseys Hof an. Sie versteckten ihre Räder hinter einer alten Mauer und schlichen dann im Schutz hoher Büsche und Sträucher bis zu den Stallungen.

Auf dem Hof stand ein Geländewagen mit einem geöffneten Pferdeanhänger. Auch die Stalltür stand weit offen. Außer dem unruhigen Wiehern einiger Pferde war nichts zu hören. Die drei Freunde sahen sich kurz an.

"It sounds like Mr Rumsey is getting a new **delivery**", flüsterte Matt den Mädchen zu.

Die beiden nickten. Ihnen war nicht ganz geheuer bei dem Gedanken, ihre Deckung aufzugeben.

---

**guests** Gäste
**pictures** Bilder
**check … against** mit … vergleichen
**magazines** Zeitschriften
**delivery** Lieferung

"Let's watch for a **while**, **till** we know **what's going on**", schlug Pam leise vor. Sie kroch in einen Busch und zog den Kopf ein. Mit ihrem grünen T-Shirt und der schwarzen Hose war sie kaum zu erkennen. Matt machte einen kurzen Klimmzug und kletterte auf einen Baum. Dort versteckte er sich zwischen den Blättern.

Cora wusste nicht so recht, wo sie sich verstecken sollte, und drückte sich an der Wand des Pferdestalls entlang. An einem Fenster blieb sie stehen und lugte durch die schmutzige Scheibe. Tatsächlich. Nicht weit von ihr entfernt im Stall stand der seltsame Typ, der ihr schon auf dem Pferdemarkt aufgefallen war und der sie dann fast über den Haufen gefahren hatte. Sie erkannte ihn sofort. Es schien tatsächlich eine neue Lieferung Pferde angekommen zu sein, denn im Stall war es ausgesprochen unruhig.

Der Pferdehändler redete auf Mr Rumsey ein und gestikulierte dabei wild mit Händen und Füßen.

"... two nice cobs ...", verstand Cora und auch "... this afternoon ..."

Und dann sah sie, wie Mr Rumsey seinen Geldbeutel zückte. Das war der passende Moment. Cora zog ihren Fotoapparat aus der Tasche und hielt das Ob-

---

**while** Weile
**till** bis
**what's going on** was hier vorgeht

jektiv dicht an die Scheibe. Wie gut, dass sie eine Digitalkamera besaß. So konnte sie eine Aufnahme machen, ohne selbst gesehen zu werden. Jetzt drückte Mr Rumsey dem Pferdehändler das Geld in die Hand. Cora drückte ab. *Klick.* Da steckte er das Geld in die Tasche. *Klick.* Da schüttelten sie einander die Hand. *Klick.* Da drehten sie sich um und … Himmel!, dachte Cora. Sie kommen aus dem Stall.

Sie hastete vom Fenster fort. Dabei zitterte sie am ganzen Körper. Hatten die Männer sie vielleicht doch gesehen? Sie hatten bei der letzten Aufnahme irgendwie merkwürdig in die Kamera geguckt.

Cora rannte über den Hof, um hinter der Mauer zu verschwinden. Doch im gleichen Moment öffnete sich direkt neben ihr eine Stalltür. Der Pferdestall schien einen Nebenausgang zu haben, und der befand sich genau dort, wo sie gerade stand.

Nun gab es nur noch eine Möglichkeit. Cora hetzte über den Hof und hüpfte in den offen stehenden Pferdeanhänger. Dort versteckte sie sich hinter einem blauen Kittel, der in der Ecke hing.

Mit pochendem Herzen hörte sie die Schritte der beiden Männer näher kommen.

“See you this evening.” Das war die Stimme des Dobermann. Und der andere erwiderte: “I’ll try to get them **without** any problems.”

---

**without** ohne

Die Männer schienen nun direkt neben dem Hänger zu stehen. Eng schmiegte sich Cora an die Wand des Hängers und achtete darauf, dass ihre Füße nicht unter dem Kittel zu sehen waren. Plötzlich hörte sie ein Geräusch, das ihr bekannt vorkam. Um sie herum wurde es dunkel. Cora begriff: Die Laderampe des Hängers wurde geschlossen. Dann klackten die Riegel. Sie saß in der Falle!

Coras Herz klopfte wie wild, und sie hatte Mühe, ihr Zittern unter Kontrolle zu bekommen.

Keine Panik!, versuchte sie sich zu beruhigen. Du kannst hier nicht ersticken, und wenn die Männer vom Hänger weggehen, kommen Matt und Pam und werden dich befreien.

Die Geschwister hatten das Geschehen von ihrem Versteck aus beobachtet. In einem günstigen Moment hatte sich Matt vom Baum gleiten lassen und kauerte nun neben Pam. Als Cora im Hänger eingeschlossen wurde, entfuhr Pam ein panisches "Oh no!"

"Ssh, Pam, **shut up!** They'll notice us", raunte Matt ihr zu.

Die beiden Männer standen immer noch neben dem Hänger und redeten miteinander. Jetzt reichten sie einander die Hand.

Entsetzt verfolgten Pam und Matt, was nun passierte.

---

**Shut up!** Halt die Klappe!

Der Besucher stieg nämlich in sein Fahrzeug und ließ den Motor an.
Pam presste die Hand auf den Mund. Am liebsten hätte sie aufgeschrieen und wäre zu den Männern gelaufen. Aber sie war wie gelähmt.
Ähnlich ging es auch Matt. Starr vor Schreck hockte er neben seiner Schwester. Sie konnten nichts tun, als das Auto mit Anhänger und Cora vom Hof fuhr.
Noch schlechter aber ging es Cora. Sie saß hinter dem blauen Kittel und konnte ihr Pech kaum fassen. Der Wagen fuhr an und nach kurzer Zeit ging es über Stock und Stein. Cora hatte große Mühe, nicht durch den Hänger geschleudert zu werden. Sie streckte die Beine weit aus und versuchte, sich an der Seitenwand festzuhalten. Aber es war furchtbar unbequem und die Angst versetzte sie in große Panik.
Mr Rumsey starrte dem Wagen einen Moment lang nach. Dann drehte er sich um und ging ins Haus zurück. Kaum hatte sich die Haustür geschlossen, krochen Matt und Pam aus dem Gebüsch.
"Oh, Matt", schluchzte Pam. "What shall we do?"
"Let's call the police!", schlug Matt vor. "Look for a **phone box** on the way **home**!"
"Oh, why didn't we take our mobiles with us?",

---

**phone box** Telefonzelle
**home** nach Hause

jammerte Pam. Dabei gehörte sie zu den Menschen, die ihr Handy nie dabeihatten.
"You never take your mobile with you", antwortete Matt niedergeschlagen. "And of course I **forgot** mine today too. It's one of those days when **everything goes wrong**."
Einen Moment lang standen sie da und starrten schweigend auf die Straße. Plötzlich hörten sie hinter sich einen leisen Klick. Langsam drehten sie sich um. Da stand der Dobermann. Und er hielt eine Waffe in der Hand.
"Hands up!", rief er. "**Against** the wall!"
Pam und Matt waren wie erstarrt. Noch nie hatten sie eine Waffe gesehen. Das alles erschien ihnen wie ein Fernsehkrimi – völlig unwahrscheinlich, dass sie das tatsächlich erlebten.
"Hands up! Are you **deaf**?"
Das klang nicht wie ein Spaß. Matt hob die Hände und auch Pam tat es. Sie kamen sich dabei wie Schwerverbrecher vor. Mr Rumsey machte eine Kopfbewegung zur Wand hinüber. Zögernd gingen die beiden dorthin und stellten sich nebeneinander auf.

---

**forgot** habe vergessen
**everything** alles
**goes wrong** schiefgeht
**against** gegen, an
**deaf** taub

Now he'll **shoot** us, dachte Pam verzweifelt.
Auch Matt fühlte sich ziemlich elend. Why weren't we more careful?, dachte er unglücklich. We were standing right there in the **yard**, staring after the car.
Der Dobermann durchsuchte ihre Hosentaschen, aber er fand nur ihre Fahrradschlüssel.
"**Turn around**!", befahl er jetzt. "I want to see your faces. Who are you and what are you doing here?"
Matt schöpfte Hoffnung. Vielleicht kamen sie ja mit einer Ausrede davon.
"My name is Paul Leonard", begann er höflich, "and this is my sister … "
Er überlegte.
"Paula", ergänzte Pam schnell.
"We heard that you had some wonderful horses and we wanted to see them, that's all", fuhr Matt fort und bemühte sich um eine feste Stimme. Aber ein leises Zittern verriet seine Angst.
Mr Rumsey sah aufmerksam von Pam zu Matt und wieder zurück.
"**A pack of lies**!", zischte er dann. "I know who you are. You were hiding in one of my stables last night." Und er schob dabei den Unterkiefer so weit vor, dass Matt glaubte, seine Zähne knirschen zu hören.

---

**shoot** erschießen
**yard** Hof
**Turn around!** Dreht euch um!
**a pack of lies** ein Haufen Lügen

"And you", wandte sich der Dobermann an Pam, "you're the girl who bought the black hackney pony in Wildcliff."
Pam spürte kalte Wut in sich aufsteigen. "Yes!", fauchte sie. "That's me. We know that you and your dirty friend work together. He steals the horses and you sell them."
"Pam", zischte Matt sie an. "Stop it!"
Aber es war zu spät. Der Dobermann richtete die Waffe direkt auf sie. Pam schwieg. Mit riesengroßen Augen starrte sie die schwarze Pistole an.
"Sir!", sagte Matt und bemühte sich, das Zittern aus seiner Stimme zu halten. "Don't do this, please. We're only children. If you hurt us, you'll go to prison for the rest of your life."
"No one will find me", sagte Mr Rumsey mit kalter Stimme.
"Of course they will", widersprach Matt. "We told our parents we wanted to visit you and have a look at your horses. And if we aren't back by this evening, our parents will look for us."
Mr Rumsey zögerte. Er sah aus, als würde er scharf nachdenken. "Last night there was another girl with you", überlegte er. "Where is she now?"
"You must mean our friend Susan", log Matt schnell. "She's ill today. She stayed **at home**."

---

**at home** zu Hause

Man konnte Mr Rumsey ansehen, dass er ihm kein Wort glaubte.
"**Right**. Come with me. I know a nice **cosy place** for two **nosy** children."
Mit seiner Waffe trieb er die beiden vor sich her auf einen kleinen Schuppen zu. Noch nie hatten Pam und Matt so große Angst gehabt. Die Tatsache, dass es Menschen gab, die Pistolen besaßen und Kinder damit bedrohten, ließ sie erschauern. Dieser Mann war kaltblütig, das merkte man ihm an.
What's going to happen to us?, fragte sich Pam ängstlich.
He won't kill us, versuchte sich Matt immer wieder zu beruhigen. He's not **stupid**. He knows it'd be a big mistake to hurt us.
Aber so sicher war er sich doch nicht.
Ohne ein weiteres Wort zu verlieren, öffnete der Dobermann die Schuppentür, schubste Matt und Pam hinein und verriegelte hinter ihnen.
Als er gegangen war, sahen sich die beiden ratlos an.
"**I'm so frightened**", flüsterte Pam. "What do we do now?"

---

**Right.** *hier:* So.
**cosy** gemütlich
**place** Ort
**nosy** neugierig
**stupid** dumm
**I'm so frightened** ich habe solche Angst

"I don't know!", wisperte Matt zurück, dem das Herz immer noch bis zum Hals schlug. "Perhaps we can find a way to call for **help**."
Aber einen Augenblick später wurde diese Hoffnung zunichtegemacht. Die Tür öffnete sich erneut und der Dobermann kam zurück. Außer der Waffe hielt er nun noch einen Strick und zwei Tücher in der Hand.
Matt wusste sofort, was sie nun erwartete.
"Oh, please, sir, don't!", rief er. "We promise we'll be quiet."
"Haha", lachte Mr Rumsey. "After listening to all those lies you told me, do you think I'd believe a **single** word you say?"
Dann drehte er Pam die Arme auf den Rücken und fesselte sie. Danach schnürte er auch ihre Beine wie ein Päckchen zusammen.
"Ouch!", fluchte Pam. "You're hurting me!"
Aber der Mann achtete nicht auf ihr Geschrei. Im Gegenteil. Er band ihr ein Tuch zwischen die Zähne und schnürte es so fest, dass Pam Mühe hatte zu atmen.
Matts wacher Verstand hatte nun wieder eingesetzt. Er hatte gesehen, dass Jammern und Fluchen nur dazu führte, dass der Dobermann umso fester schnür-

---

**help** Hilfe
**single** einziges

te. So achtete er darauf, die Hände und Füße möglichst weit auseinanderzuhalten, als Mr Rumsey ihn fesselte. Und als er das Tuch um den Mund bekommen sollte, presste er die Lippen fest zusammen.
Der Dobermann trat zurück und betrachtete die beiden Kinder mit hartem Blick.
"Now you have **plenty** of time to think about all the bad things you've done", sagte er schließlich. Er steckte die Waffe in den Hosenbund und verließ den Schuppen. Die Tür fiel krachend zu. Dann drehte sich der Schlüssel im Schloss und der Riegel wurde vorgeschoben.

---

**plenty** eine Menge

# Der Hilferuf

Immer noch holperte Cora über Stock und Stein. Ihr taten mittlerweile alle Knochen weh. Rums – da war wieder ein Schlagloch. Cora wurde einmal quer durch den Hänger geschleudert und stieß mit dem Kopf gegen die Seitenwand. Tat das weh! Der Typ schien einen ungeteerten Weg entlangzufahren.
Und dann hielt der Wagen plötzlich.
Erschrocken rappelte sich Cora auf und kroch erneut hinter den blauen Kittel. Gerade als sie die Füße bedeckt hatte, wurde auch schon die Klappe geöffnet. Dann tat sich nichts mehr. Cora hörte, wie sich Schritte vom Hänger entfernten. Und was war das? Schnaubte da nicht ein Pferd? Der Typ wollte schon wieder Pferde klauen, und dieses Mal war Cora sogar Zeuge. Jedenfalls, wenn es ihr gelang, dabei zuzusehen.
Mit zitternden Knien kroch sie aus ihrem Versteck und schlich aus dem Hänger. Draußen fand sie sich am Rand einer Koppel wieder und dort – ein Stückchen vom Zaun entfernt – standen zwei Ponys. Nach dem Stand der Sonne zu urteilen konnte es schon früher Abend sein. Sie mussten weit gefahren sein.
Der Typ bewegte sich nun langsam auf die Ponys zu. Er hatte etwas in der Hand, mit dem er die Tiere zu sich lockte. Jetzt rief er etwas. Die Ponys hoben ihre Köpfe und schauten ihn an.

Ob man bei der Belichtung noch fotografieren konnte? Cora zog den Apparat aus der Tasche und richtete das Objektiv auf den Typen. Gleichzeitig ließ sie ihn nicht aus den Augen. Er durfte sie auf keinen Fall bemerken. *Klick!* Ein Blitz zuckte. Cora trat der Schweiß auf die Stirn. War sie denn verrückt geworden? Sie hatte den automatischen Blitz nicht ausgeschaltet. Und bei dieser Belichtung schaltete er sich natürlich ein. Zitternd duckte sich Cora hinter einen Pfahl. Der Mann hatte sich nun umgedreht. Hatte er sie gesehen?
Jetzt klingelte in der Ferne ein Handy. Cora sah, wie der Mann in seine Tasche griff und das Handy herausholte.
"Yes!"
In der klaren Luft hörte Cora seine Stimme so als stünde er direkt neben ihr.
"Michael, what are you talking about? Two children in the stable? Are you crazy?"
Michael. Michael Rumsey. Der Dobermann. Two children in the stable. Hatte er etwa Matt und Pam entdeckt?
Cora hatte so schreckliche Angst wie noch nie in ihrem Leben.
"The police are coming? Why? Who called the police?"
Der Typ schien die Ponys auf der Koppel völlig vergessen zu haben.

“Well, I’ll be back as soon as I can. We’ll have to take the horses somewhere else. … What? ... Okay. I’ll be there soon.”
Er redete noch ein bisschen, aber Cora hatte genug verstanden. Der Typ wollte zurückfahren und Michael Rumsey dabei helfen, die Pferde wegzubringen. Außerdem waren Matt und Pam in großer Not. Umso wichtiger war es, dass sie jetzt die richtige Entscheidung traf.
Leise schlich Cora in den Hänger zurück und duckte sich hinter den blauen Kittel. Keine drei Minuten später hörte sie, wie sich die Schritte des Pferdediebes näherten, und dann wurde die Laderampe erneut geschlossen.
Der Motor wurde angeworfen, und wieder ging es mit Cora über Stock und Stein. Allerdings wusste sie jetzt, wohin die Reise ging, und das machte selbst das Holpern erträglicher.

Wenn man gefesselt und ohne die Möglichkeit zu reden in einem stockfinsteren Raum sitzen muss, vergeht die Zeit endlos langsam. Pam und Matt konnten nichts weiter tun als warten. Aber ihr Verstand funktionierte schärfer denn je. Immer wieder versuchten die beiden, ihre Handfesseln an irgendwelchen Mauervorsprüngen zu reiben, damit sie sich lösten, aber sie hatten kein Glück. Der eine Mauervorsprung bröckelte ab, der andere war uner-

reichbar. Dabei sah in einem Krimi immer alles so einfach aus.
Dann endlich kam Matt eine Idee. Schon als kleines Mädchen war Pam super geschickt darin gewesen, Knoten zu lösen. Sogar die total verknoteten und nassen Schnürsenkel seiner Fußballschuhe hatte sie entwirren können. Er machte ihr nun ein Zeichen mit dem Kopf und gab einen brummenden Laut von sich. Pam sah ihn erwartungsvoll an. Nun rückte er zu ihr hinüber und drehte ihr den Rücken zu. Dabei hob er seine Hände. Pam verstand. Auch sie drehte ihm den Rücken zu und rückte an seine Fesseln heran. Nun begann eine qualvolle Arbeit, denn die beiden hatten Mühe, ihre Arme auf dem Rücken zu heben. Pam ertastete die Knoten und begann zu zupfen und zu ziehen. Manchmal, wenn es zu sehr wehtat, brummte Matt leise. Und manchmal, wenn Pam ihre Arme nicht mehr heben konnte, machte sie eine kurze Pause. Aber dann irgendwann nach einer Zeit, die ihnen endlos erschien, hatte sie Matts Hände befreit.
Matt reckte sich einmal kurz. Dann riss er sich und Pam den Knebel vom Mund und löste Pams Handfesseln. Nun war alles nur noch halb so schwer. Im Nu waren sie auch ihre Fußfesseln los.
"God, it was horrible being **tied up** like that", flüsterte Matt und streckte sich noch einmal.

---

**tied up** gefesselt

"I was afraid I **wouldn't be able to breathe**", japste Pam. "Oh, Matt, what do we do now? Is there any way we can get out?"
Sie schlichen zur Tür und rüttelten vorsichtig daran, aber sie blieb fest verschlossen.
"No chance", murmelte Matt.
Der Raum hatte noch nicht einmal ein Fenster. Es blieb Matt und Pam keine andere Möglichkeit, als weiter auf dem harten Betonboden sitzen zu bleiben und zu warten.
"**Hopefully** someone will come looking for us", überlegte Matt. "Do you know what time it is?"
"No idea!", brummte Pam. "Early evening, I think."
"I hope somebody's called the police", wünschte sich Matt. "Perhaps Cora will find a way to do it."
"Or Mum and Dad will start worrying about us", überlegte Pam.

Und mit dieser Überlegung hatte sie nicht unrecht. Mrs Fellows hatte Scones für die Kinder gebacken und wartete auf ihre Rückkehr. Immer wieder ging sie zum Fenster und blickte hinaus.
"I wonder where the kids are", sagte sie zu ihrem Mann. "I made **scones** for tea, but they didn't come

---

**wouldn't be able to breathe** würde nicht atmen können
**hopefully** hoffentlich
**scones** *kleine süße Brötchen mit oder ohne Rosinen, werden in England oft mit Marmelade zum Tee gegessen*

back **in time**. Usually Pam would be back by now to feed Diva", überlegte sie weiter. "And she has to give Diva her medicine, too."
"Oh, don't worry about them", versuchte Mr Fellows sie zu beruhigen. "They probably went down to the beach and forgot about the time."
Aber Mrs Fellows ließ sich nicht so einfach beruhigen.
"I don't know, Jack", sagte sie weiter. "It's strange. Can you remember them ever being interested in going to a museum before?"
"Well, Cora's with them. Perhaps Cora likes going to museums", überlegte ihr Mann. Aber als die Kinder auch nach einer weiteren Stunde nicht zurückgekommen waren und er selbst Diva versorgt hatte, wurde auch er unruhig.
"Let's try calling them on their mobiles", schlug er schließlich vor.
Mrs Fellows schlug sich gegen die Stirn.
"The mobiles!", rief sie. "Of course. Why didn't I think of that earlier?"
Und sie beeilte sich, Pams Nummer einzutippen.
Es klingelte. Und zwar im Wohnzimmer.
"Oh dear!", seufzte Mr Fellows. "Pam left her mobile at home. Let's try Matt's number."
Mrs Fellows tippte auch Matts Nummer ein, doch

---

**in time** rechtzeitig

ohne Erfolg. Dieses Mal kam das Klingeln aus dem Flur. "**Typical**!", schimpfte sie und seufzte tief. "It looks like there's nothing we can do **at the moment** but wait."

Endlich hatte die Fahrt ein Ende. Als es in zügigem Tempo die Straße entlang und danach auf einem kurvenreichen Feldweg bergauf ging, ahnte Cora schon, dass sie bald am Ziel waren. Das war auch gut so, denn sie hatte in der Zwischenzeit jede Menge blaue Flecken an ihren Beinen und ihrem Hinterteil bekommen.
Endlich, endlich hielt der Wagen. Die Bremsen quietschten und jemand knallte die Tür. Gleichzeitig kamen eilige Schritte auf den Wagen zu.
"Jim! What took you so long?", hörte Cora den Dobermann schon von Weitem rufen.
"What about the kids?", fragte der Mann zurück, ohne auf den Vorwurf einzugehen.
"**Locked up**, like I told you", sagte der Dobermann. "But I'm sure their parents will come here soon. We have to take the horses somewhere else."
"To the stable at Owen's farm?", fragte Jim.
"We'll have to, yes. Can we get them all into the horse trailer?"

---

**typical** typisch
**at the moment** im Moment
**locked up** eingesperrt

“Let’s try”, antwortete Jim. “We’ll put two horses on each side. It’ll be a bit **crowded**, but I’ll drive carefully.”
“And what about the **sick** pony?”, wollte der Dobermann wissen.
“**Chase him away**”, schlug Jim vor. “Someone will find him.”
Cora war längst wieder hinter den Kittel gekrochen. Jetzt, als die Laderampe heruntergelassen wurde, zog sie erneut die Beine an und machte sich ganz klein. Zum Glück kam niemand auf die Idee, einen genaueren Blick in den Hänger zu werfen. Die Männer hatten es sehr eilig.
“Hurry up!”, rief der Dobermann dem anderen Mann zu.
Cora wartete, bis sich die Schritte entfernt hatten. Dann stand sie leise auf. Eigentlich taten ihre Beine so weh, dass sie sie kaum bewegen konnte, aber sie versuchte, den Schmerz nicht zu beachten. Jetzt ging es darum, Pam und Matt zu finden – und zu befreien.
“Locked up”, hatte der Dobermann gesagt. Was er damit wohl gemeint hatte?
Cora warf einen kurzen Blick aus dem Hänger und wartete, bis die Männer im Stall verschwunden waren. Dann lief sie los.

---

**crowded** *hier:* eng
**sick** krank
**chase him away** jag ihn fort

Wo in aller Welt konnten ihre Freunde sein? Der Hof war groß und unübersichtlich. Dämmerung hatte sich über die Stallungen gelegt. Es war mühsam, die anderen Gebäude zu erkennen.
Ah, dort hinten war ein kleiner Schuppen, der wie ein Hühnerstall aussah. Schnell lief Cora hinüber und klopfte an die Tür.
“Pam, Matt? Are you inside?”
Es raschelte.
“Cora? Oh, thank God – Pam, it’s Cora. Yes, we’re here”, hörte sie Matts Stimme dumpf durch die geschlossene Tür. “Can you open the door?”
Cora warf einen Blick auf das Vorhängeschloss. Nein, der Schlüssel steckte nicht.
“No, sorry”, sagte sie.
“Oh, **damn**”, fluchte Pam. Und Matt hatte noch ganz andere Flüche auf Lager.
“Don’t worry”, flüsterte Cora. “I’ll look for the key.”
Und obwohl sie selbst starke Zweifel hatte, dass sie so viel Glück haben würde, schlich sie einmal um den Stall herum. Es gab Menschen, die ihre Schüssel irgendwo in Haus- oder Stallnähe versteckten. Gott sei Dank schien der Dobermann genau zu diesen Leuten zu gehören, denn er hatte den Schlüssel unter einen Stein an der Seite des Stalls gelegt.

---

**Damn!** Mist!

"I've found it!", flüsterte Cora und konnte es selbst kaum glauben. Sie steckte ihn ins Schloss und er passte. Dann öffnete sie die Tür.
Pam und Matt stolperten ins Freie und drückten ihre Freundin fest.
"Oh, it's so good to see you", murmelte Matt.
"Cora, you **saved** us", flüsterte auch Pam.
Aber das war maßlos übertrieben, denn gerettet waren sie noch lange nicht.
Nun hörten sie Pferdegetrappel, und in der einsetzenden Dämmerung konnten sie sehen, wie der Dobermann das hustende Pony auf den Hof führte.
"Get lost!", rief der Dobermann und schwenkte die Gerte. Doch das Pony blieb stehen und sah ihn unsicher an.
"Hurry up!", brüllte der Mann und schlug nun mit der Gerte auf das Pony ein. "Get lost before I **change my mind**!"
"**Bastard**!", zischte Matt.
Cora und Pam bissen sich auf die Unterlippe. Was sie sahen, ging ihnen sehr nahe. Warum in aller Welt verschwand das Pony nicht? Es schien sehr anhänglich zu sein.
Wieder ließ der Dobermann die Gerte klatschen, und nun verstand das Pony und trabte davon.

---

**saved** hast gerettet
**change my mind** meine Meinung ändere
**bastard** Scheißkerl

"Thank God for that!", flüsterte Pam.
Wieder war Hufgetrappel zu hören. Jim kam mit zwei Pferden am Strick aus dem Stall, und der Dobermann folgte ihm wenig später mit zwei weiteren.
"They'll take them away", flüsterte Pam.
Cora schlich zur Hausecke und zog den Fotoapparat aus der Tasche. Diesmal schaltete sie sorgsam den Blitz aus, bevor sie ein paar Aufnahmen machte.
Die beiden Männer hatten Schwierigkeiten, die Pferde auf den Hänger zu bekommen. Zwei waren in den beiden Boxen links und rechts, doch die anderen mochten sich einfach nicht in die enge Lücke quetschen. Sie wieherten und zogen am Strick, dass die Männer ihre liebe Not hatten, die Tiere zu beruhigen.
"Let's go and find a phone", flüsterte Pam und machte eine Kopfbewegung zum Wohnhaus.
"Not in the house!", versuchte Cora die beiden abzuhalten.
"This is the easiest way to get help. Or do you want to run all the way to Poole to look for a phone box? We'll be very careful, of course", sagte Pam.
Schließlich sah Cora auch ein, dass sie kaum eine Wahl hatten. Bis sie eine Telefonzelle gefunden hatten, waren die Männer wahrscheinlich über alle Berge.
So schlich sie hinter Matt und Pam her ins Haus. Sie liefen durch die Küche, von dort über den Flur zum Wohnzimmer. Auf einem kleinen Tischchen in der

Ecke stand ein schnurloses Telefon. Pam nahm das Mobilteil und wählte die Nummer ihrer Eltern.
"Hi Mum, it's me, Pam. Listen, Mum – yes, don't worry, we're all right. Mum, listen to me!"
In dem Moment sahen Cora und Matt, wie der Dobermann sich umdrehte und auf das Haus zukam.
"Pam, hurry up! He's coming!", flüsterte Cora. Dann verschwand sie mit Matt hinter dem Sofa.
"Mum, we're in **danger**! 45 Longfleet Road", sagte Pam zwischen das Gezeter ihrer Mutter und drückte das Gespräch weg. Dann legte sie den Hörer auf den Tisch und sprang ebenfalls hinters Sofa.
Alle drei saßen eng aneinandergedrückt da und warteten. Der Dobermann hatte das Wohnzimmer betreten. Er schien etwas zu suchen, denn er kramte ungeduldig in einer Schublade herum. Schließlich zog er eine lange weiße Leine heraus. Er prüfte sie einen Moment lang. Dann fiel sein Blick auf das Telefon auf dem Tischchen.
"What's this doing here?", murmelte er und hielt das Mobilteil einen Moment lang in der Hand. Cora, Matt und Pam wagten nicht, sich zu bewegen.
"Forget it!", raunzte der Dobermann und legte den Hörer auf die Ladestation zurück. Dann ging er mit der Leine nach draußen.

---

**danger** Gefahr

# Endlich Hilfe

Mit ratlosem Gesicht hielt Mrs Fellows den Hörer in der Hand.
“What’s wrong, Kate?”, wollte ihr Mann wissen.
“I don’t know”, erwiderte sie und setzte sich an den Tisch zurück. Sie dachte einen Moment nach. “She kept saying ‘Mum, listen to me’!”
“That’s because you never listen to what people say!”, regte sich nun Mr Fellows auf. “You **immediately** started **to tell her off**. Where are you? Why aren’t you home? It’s time for supper! You never listen to **anyone** else.”
“That’s not true!”, empörte sich seine Frau. “I asked her how she was and what she was doing.” Sie versuchte sich genau zu erinnern. “She was very **nervous**!”, sagte sie dann. “And she said something about … something about being in danger.”
“Danger!” Mr Fellows sprang auf. “Did she really say they were in danger?”
“Yes, she did.” Mrs Fellows wurde kreideweiß. “She said, ‘We’re in danger!’ ”
“My God!”

---

**immediately** sofort
**to tell her off** ihr Bescheid zu stoßen
**anyone** irgendjemand
**nervous** nervös

"She **gave** me an address", fuhr Mrs Fellows fort und dann sah sie ihren Mann mit großen Augen an. "My God, what if she really is in danger, and I wasn't really listening to her? All I could think of was that their supper was ready!"
"Try to remember the address", redete ihr Mann beschwörend auf sie ein. "We have to call the police."
Mrs Fellows wanderte im Wohnzimmer auf und ab. "The address. What was the address? Something like Longfellow or Longflight or …"
"Longfleet Road! I know where they are!" Mr Fellows sprang jetzt auf. "The man who sold Diva to us lives in Longfleet Road in Hamworthy! And if they said they were in danger, I **bet** they've been trying to **spy on** him."
Er schnappte sich nun das Telefon, und noch während er seine Unterlagen nach dem Kaufvertrag durchsuchte, telefonierte er mit der Polizei.
"Hello – my name is Fellows, Jack Fellows. We just got a **mysterious** call from our daughter Pam. She said she's in danger. She may be on a farm in Hamworthy, at 45 Longfleet Road. Did you get it? … Okay, good, we're on our way too." Er legte auf.

---

**gave** hat gegeben
**bet** wette
**spy on** ausspionieren
**mysterious** mysteriös

Nun stand Mrs Fellows mit weit aufgerissenen Augen neben ihm.
"Oh, Jack, do you really think they're in danger?", fragte sie mit rauer Stimme. "I'm a **terrible** mother. My kids are in danger and all I can think about is …"
"Your supper, I know." Mr Fellows legte ihr einen Arm um die Schultern. "Kate, please **don't blame yourself**. You're a **fantastic** mother; you cook wonderful **meals** and you're always there for the kids whenever they need you. But now we have to get to Hamworthy as fast as we can."
"All right", erwiderte seine Frau bedrückt. Dann hetzten sie zum Auto.

Cora, Matt und Pam schlichen zum Wohnzimmerfenster und blickten hinaus. Der Dobermann und sein Komplize versuchten gerade, die beiden Pferde mithilfe der Leine auf den Hänger zu drängen. Sie banden die Leine an einem Ende des Hängers fest und zogen sie immer enger an das Pferd heran, bis es schließlich ängstlich auf den Hänger sprang.
"Four horses in such a small trailer is very dangerous", bemerkte Matt. "They may **kick** each other."

---

**terrible** furchtbar
**don't blame yourself** mach dir keine Vorwürfe
**fantastic** fantastisch
**meals** Essen
**kick** treten

"I hope the last horse takes its time, so that Mum and Dad get here before the men are gone", wünschte sich Pam. Und das hoffte auch Cora aus tiefstem Herzen.
Aber ihr Wunsch erfüllte sich nicht. Mithilfe des Seils sprang auch das vierte Pferd schließlich ängstlich auf den Hänger. Die beiden Männer machten sich noch nicht einmal die Mühe, es im Innenraum anzubinden. Sie schlossen die Klappe, Mr Rumseys Komplize sprang ins Fahrerhaus und startete den Motor.
Niedergeschlagen sahen die Kinder zu, wie der Wagen mit dem Hänger vom Hof fuhr.
"Damn! He's gone!", fluchte Matt.
"And we don't know whether we'll ever see these horses again", fügte Cora bedrückt hinzu.
"I wonder why Mum and Dad aren't here yet", überlegte Matt.
"Perhaps Mum didn't understand me", berichtete Pam. "She asked where we were and why we didn't come home for tea. She said something about scones."
"That's typical of her", stöhnte Matt. "If she baked scones she won't have listened to you."
"Oh!", rief Cora entsetzt. "Then they're probably not coming at all. In that **case**, hadn't we better hide outside?"

---

**case** Fall

Sie sahen, wie Mr Rumsey wieder über den Hof ging. In der Dunkelheit war er kaum noch wahrzunehmen. Aber er schien jetzt die Richtung des Hühnerstalles einzuschlagen, in dem er Pam und Matt eingesperrt hatte.
“Damn! Now he'll **discover** that we've managed to **escape**”, rief Matt aufgeregt.
Sie schlichen sich nach draußen und lauschten. Es war nichts zu hören. Schnell tasteten sich die drei über den Hof.
Da war wieder dieses Geräusch, das Cora schon in der vergangenen Nacht so erschreckt hatte. Ein sanftes Pusten ertönte direkt neben ihrem Ohr. Und dann spürte sie einen großen Kopf dicht neben sich.
“Huch!”, machte sie unwillkürlich und ärgerte sich im selben Moment. Wie konnte sie nur so dumm sein? Aber sie hatte einfach nicht mehr mit einem Pferd gerechnet. Hatten die Männer denn nicht alle weggebracht? Cora biss sich vor Wut auf die Lippe.
“Cora?”, hörte sie da schon Matts Stimme leise neben sich. “Are you okay?”
Cora nickte. Aber in der Dunkelheit konnte Matt es nicht sehen. “Are you okay?”, fragte er noch einmal und seine Stimme klang beunruhigt.
“Yes!”, flüsterte Cora.

---

**discover** entdecken
**escape** entkommen

“Stop!”, hörten sie plötzlich die Stimme von Mr Rumsey hinter sich. “Stop!”
Seine Schritte kamen näher.
Cora hätte sich ohrfeigen können. Durch ihr dämliches Verhalten hatte sie sich und ihre Freunde verraten. Das kann doch nicht wahr sein!, dachte sie verzweifelt. Da waren wir der Rettung so nahe. Und ausgerechnet jetzt muss ich dumme Kuh wieder schreien, und dieser schreckliche Typ erwischt uns auf der Flucht.
Vorsichtig versuchte sie, sich ein bisschen weiter Richtung Fahrrad zu bewegen.
“I said stop, you silly girl!”, fluchte Mr Rumsey und hielt etwas in der Hand, das im Mondschein gefährlich glitzerte.
“Cora! Stop! He’s got a **gun**!”, warnte Matt sie.
Da blieb Cora erschrocken stehen.
Der Dobermann trat dichter an sie heran.
“Well, I **knew** there was another girl”, sagte er und sah ihr nun direkt ins Gesicht. “You think you’re **pretty** clever, **don’t you?**”
Cora wagte kaum zu atmen. Der Mann sah wirklich ziemlich gefährlich aus. Sein Gesicht war bleich und die dunklen Augen lagen in tiefen Höhlen.

---

**gun** Waffe
**knew** habe gewusst
**pretty** *hier:* ziemlich
**… , don’t you?** … , nicht wahr?

"Don't you?" Er schubste sie nun mit seiner Hand. "Answer me!"
Cora stolperte nach hinten. Sie bekam es mit der Angst zu tun.
"No, sir", sagte sie. "No, not really, I'm not very clever."
"How true!", sagte der Mann und fletschte dabei die Zähne. "You're not very clever. Otherwise you wouldn't have come to my farm."
Jetzt lachte er böse. Dann schubste er Cora noch einmal so hart, dass sie fast das Gleichgewicht verlor. Cora spürte, dass alle Farbe aus ihrem Gesicht gewichen war. Ihre Hände zitterten.
"Don't hurt her!", rief Matt nun total erschrocken. "If you do … " Er brach ab. Womit konnte er dem Mann schon drohen?
"If I hurt her you'll do what?" Der Dobermann drehte sich zu Matt um und lachte drohend. "What? Will you help her?" Er hielt die Pistole in die Luft. "Remember, my friend, I'm much **stronger** than you are."
Matt spürte seine Angst, aber gleichzeitig auch seine große Wut. Am liebsten hätte er diesem Kerl auf der Stelle den Hals umgedreht.
Pam schien das zu spüren.
"Calm down, Matt", sagte sie leise.

---

**stronger** stärker

Da! War das nicht Motorengeräusch? Und dann sahen sie auch schon Scheinwerfer näher kommen. Ein Wagen, und dann noch einer. Pam jubelte innerlich. Ihre Mutter hatte sie doch verstanden! Und ihre Eltern hatten gleich die Polizei mitgebracht.
"The police are coming!", sagte Matt ein bisschen schadenfroh zum Dobermann. Dann aber fiel ihm ein, dass der ja immer noch seine Waffe hatte. "Be careful!", rief er deshalb den Polizisten zu, als diese aus ihren Wagen stiegen. "He's got a gun!"
Sofort gingen die Polizisten in Deckung. Einer von ihnen forderte über Funk bewaffnete Verstärkung an, während grelles Scheinwerferlicht den Hof erhellte. "Mr Rumsey, don't do anything stupid!", rief jemand. "We've only come to **investigate** a phone **call**. **Drop** your gun and put your hands where we can see them!"
Nun lachte Rumsey heiser. "Silly kids!", rief er. "I don't have a gun! This is only a toy to **frighten** the children. They came to my house and **broke into** the stables." Er winkte den Polizisten mit der Waffe zu. "Come **closer**. And don't worry: I'm a **per-**

---

**investigate** ermitteln
**call** Anruf
**drop** lassen Sie fallen
**frighten** Angst einjagen
**broke into** sind eingebrochen in
**closer** näher

**fectly** friendly man. I'**ve** never **broken the law**. Nosy children are the only thing I don't like."
Einer der Polizisten trat aus der Deckung heraus und schritt auf Mr Rumsey zu. "Give me your gun!", sagte er und streckte die Hand aus. Mr Rumsey reichte sie ihm. Der Polizist nahm die Waffe an sich und schaute sie genauer an.
"A toy gun", lachte er dann erleichtert und winkte seinem Kollegen und den Fellows, näher zu kommen. "Sorry, sir, but I'm only doing my **job**!", sagte er fast entschuldigend.
"Of course."
Mr Rumsey gab sich jetzt ganz verständnisvoll. "I've never broken the law", sagte er noch einmal. "But these two girls here and that boy **have behaved** very badly. They were spying on me as if I were a thief." Er lachte. "Of course, at that age you like to play **detective**. But I **decided to teach them a lesson**. That's why I scared them with the gun."
Nun waren endlich auch Mr und Mrs Fellows bei den Kindern und drückten sie fest.

---

**perfectly** *hier:* durchaus
**(have) broken the law** (habe) gegen das Gesetz verstoßen
**job** Arbeit
**(have) behaved** (haben) sich benommen
**detective** Detektiv
**decided** habe mich entschieden
**to teach them a lesson** ihnen eine Lektion zu erteilen

"Oh, why did you do this?", sagte Mr Fellows vorwurfsvoll, nachdem er sich Tränen der Erleichterung von den Wangen gewischt hatte. "Haven't I told you more than once that you mustn't trespass on other people's property?"
"But Mr Fellows!", rief Cora aufgeregt. "Rumsey's a thief. He steals horses. We can **prove** it."
Mit diesen Worten holte sie ihre Kamera aus ihrem Rucksack. "I **hid** in a horse-trailer to watch his **accomplice**. Look at this photo."
Und sie zeigte das Foto, das sie auf der Koppel gemacht hatte.
"I'm sorry, but that doesn't prove anything", entgegnete der Polizist, als er auf das Foto schaute. "This only shows a man looking at two horses. Did the man steal the horses afterwards?"
"No", entgegnete Cora verärgert. "He got a phone call and **drove** back to this farm to **collect** four horses here."
Sie drückte auf ihrer Kamera herum, um weitere Fotos zu zeigen.
"Look, here they are going into the trailer", sagte sie und zeigte auf die Fotos, die sie von der Verlade-

---

**prove** beweisen
**hid** habe mich versteckt
**accomplice** Komplize
**drove** ist gefahren
**collect** abholen

aktion gemacht hatte. Aber auch diese Fotos waren als Beweis nicht tauglich. Sie waren viel zu dunkel. Zuletzt spielte Cora ihre letzte Trumpfkarte und zeigte das Foto von Jim und dem Dobermann, als dieser den Geldbeutel gezückt hatte, aber auch da hatte sie den Moment der Übergabe nicht richtig erwischt.

Mr Rumsey verdrehte die Augen.

"Just kids playing games", sagte er lachend. "When I was twelve I played at being a detective, too, whenever I had the chance."

Er öffnete die Stalltür. "Come in and look around. I have three horses, and they all **belong** to me. I can prove it. I have all the **documents**."

Wieder biss sich Cora auf die Lippen. Sie hatten versagt. Er spielte ihnen nun den Farmer vor, der seine Pferde in guter Haltung hielt und sich nichts vorzuwerfen hatte. Und sie dagegen sahen aus wie kleine Kinder, die Räuber und Gendarmes spielten. Das war doch alles mehr als peinlich.

Die Erwachsenen betraten den Stall. Pam, Cora und Matt folgten ihnen bedrückt.

"Dad, please believe me", redete Matt beschwörend auf seinen Vater ein. "There's something wrong here. Some horses **arrived** here during the day, and

---

**belong** gehören
**documents** Unterlagen
**arrived** sind angekommen

when he thought that the police were about to come, **he had them taken away**."
"Let's talk about this later", winkte Matts Vater ab. Er beeilte sich, Mr Rumsey zu folgen.
"Look, this is Polly, my favourite", stellte der gerade einen schönen Apfelschimmel vor. "She's a cob. She's belonged to me for three years. I have a **certificate** to prove it."
"Nice horse", lobte Mr Fellows. "I like cobs a lot."
"And these two are cobs too", fuhr Mr Rumsey fort und zeigte auf die nächsten beiden Boxen. Die Pferde darin waren ebenfalls in gutem Zustand. "I bought them on a horse market last summer. And of course I also have the documents to prove it."
"So it'd be nice if you showed us these documents", sagte der Polizist. "And then we'll leave."
"Please, come into the house", lud sie der Farmer ein. "All the documents are in my **study**."
"Don't believe a word of what he's saying", rief Matt verzweifelt, als die Erwachsenen Mr Rumsey ins Wohnhaus folgen wollten. "Look at these four **boxes**. There's **straw** inside, and **horse droppings** too."

---

**he had them taken away** ließ er sie abholen
**certificate** *hier:* Beleg
**study** Arbeitszimmer
**boxes** Ställe
**straw** Stroh
**horse droppings** Pferdeäpfel

"Of course there is", wischte Mr Rumsey auch dieses Argument beiseite. "A friend of mine stayed here for a couple of days. He had some horses with him, to sell at the horse market in Poole. But he's an **honest** man. He doesn't sell stolen horses."

Und Mr Rumsey lachte. Nun lachten die anderen Erwachsenen auch. Mr Fellows sah zwar noch etwas skeptisch aus, denn schließlich musste dieser Mann irgendwie an Diva gekommen sein. Aber für die anderen war die Sache klar. Drei Kinder wollten Detektiv spielen und dabei war ihnen die Fantasie durchgegangen.

Cora schielte zu Pam und Matt hinüber. Sie sahen verlegen aus.

Die Erwachsenen gingen nun zum Haus hinüber, um sich die Dokumente anzusehen. Cora, Matt und Pam blieben auf dem Hof zurück.

"It wasn't a **dream**", sagte Cora mit fester Stimme. "I was sitting in the trailer and I saw the man trying to steal two horses. But then he had to come back."

"And we also saw **the four horses being driven away**", erinnerte Pam ihre Freunde. "This was very **suspicious**!"

---

**honest** ehrlich
**dream** Traum
**the four horses being driven away** wie die vier Pferde weggebracht wurden
**suspicious** verdächtig

"And he frightened us with a gun and locked us in a shed", erinnerte Matt. "You don't do things like that if you've got nothing to hide."
"You're right", seufzte Cora. "But the **grown-ups** don't believe us."
Alle ließen die Köpfe hängen. In dem Moment öffnete sich die Tür zum Wohnhaus und die Polizisten, Mr Rumsey und Pams und Matts Eltern traten auf den Hof.
"Right", sagte Mr Fellows gerade. "The documents are okay. These three horses belong to Mr Rumsey." Er lächelte. "Come on, kids, **apologize** to Mr Rumsey and promise him you'll never trespass on his farm again!"
Lieber kratze ich ihm die Augen aus!, dachte Cora wütend. Auch Matt schien ähnlich zu denken, denn er hatte die Unterlippe trotzig nach vorne geschoben.
Nur Pam gab sich einen Ruck, ging zu Mr Rumsey und gab ihm die Hand.
"I'm sorry, Mr Rumsey", sagte sie verlegen. "I'll never do it again."
"All right, young **lady**", erwiderte Mr Rumsey. "I understand. You lost your horse, and you wanted to find the thief. It's okay."

---

**grown-ups** Erwachsene
**apologize** entschuldigt euch
**lady** Dame

“Thank you”, sagte Pam und schluckte.
Gleich wird das hier eine echte Hollywood-Schnulze, dachte Cora verärgert. Da steht der Obergauner mit einem Gesichtsausdruck, als könnte er keiner Fliege etwas zuleide tun, und wir müssen uns bei ihm entschuldigen.
“Now you, Matt! I want you to apologize, too!”
Mr Fellows sah Matt mit strengem Blick an. Matt zögerte. Der Schritt schien ihm schwerzufallen. Langsam ging er auf Mr Rumsey zu und sah dabei zu Boden. Cora hatte furchtbares Mitleid mit ihm. Warum musste sein Vater ihn bloß so demütigen? Sie, das war jedenfalls klar, würde sich nicht für ihr Verhalten entschuldigen.
Gerade wollte Matt Mr Rumsey die Hand reichen, da ertönte Hufgetrappel auf dem Hof. Alle drehten sich um. Das Pony, das so gehustet hatte und von Mr Rumsey fortgejagt worden war, war zurück. Unruhig blieb es vor der verschlossenen Stalltür stehen und wieherte leise.
Nun redeten alle durcheinander.
“Who’s that?”
“Whose pony is that?"
“Do you know this pony?"
Und Mr Rumsey versuchte sich herauszureden.
“I’ve never seen that pony before in my life”, versicherte er immer wieder. “I’ve no idea what it’s doing here.”

Nun platzte Cora endgültig der Kragen. Schon so lange hatte sie mit ansehen müssen, dass hier das Recht zu ihren Ungunsten verschoben wurde.
“This pony is as sick as Diva is!”, rief sie wütend. “It coughs exactly like Diva. Mr Rumsey chased it away because he was worried that it would infect the other horses. Isn’t that right, Mr Rumsey?”
“Don’t be **ridiculous**”, versuchte sich Mr Rumsey aus der Affäre zu ziehen. “I’ve never seen this pony in my life. I’m sure it’**s** just **run away** from another farm and now it’s heard and smelled the other horses.”
“Maybe!”, erwiderte Cora, die sich inzwischen gut in die Denkweise der Erwachsenen hineinversetzen konnte. “But it’s also possible that it’s been living on your farm for a while.”
Nun sprang Matt dazwischen. Er hatte eine geniale Idee.
“Let’s see where it goes next”, sagte er. “I’m telling you now, this pony’s box was the last one on the left, right next to the window. We should look and see which box it wants to go into!”
Die Idee schien auch die Erwachsenen zu überzeugen. Alle drängten sich nun hinter dem Pony in die schmale Stallgasse. Der Wallach schien sich gut aus-

---

**ridiculous** absurd
**(has) run away** (ist) weggelaufen

zukennen. Mit langen, sicheren Schritten ging er direkt auf die hintere Box auf der linken Seite zu und trat ein. Dann schaute er über die halbhohe Boxenwand zu dem Apfelschimmel hinüber und brummelte leise. Auch der Apfelschimmel wieherte einen herzlichen Willkommensgruß, schob dann seinen Kopf hinüber und knabberte dem Pony den Mähnenkamm.

"Welcome back, my friend", übersetzte Matt die Pferdesprache. Die anderen lachten.

"Mr Rumsey", sagte nun einer der Polizisten, "I hope you won't mind showing us the documents for this little **fellow**, too."

Der Dobermann schwieg. Wahrscheinlich überlegt er sich gerade eine plausible Erklärung, dachte Cora.

Plötzlich schrie Pam leise auf.

"Matt, Cora, do you know what I think? This is a Dartmoor pony, isn't it, Dad?"

"Well, yes, definitely. Why do you ask?", antwortete ihr Vater verwundert.

"A brown Dartmoor pony", wiederholte Pam und schubste Cora ungeduldig an. "A brown Dartmoor pony! Don't you see what that means?"

Cora dämmerte es, worauf ihre Freundin hinauswollte. "Cheeky!", sagte sie leise.

"Cheeky!", wiederholte nun auch Matt.

---

**fellow** Bursche

"Who's Cheeky?", wunderte sich Mrs Fellows.
"I think this is Mr Hatson's Dartmoor pony. It was stolen a couple of weeks ago", erklärte Pam.
Nun redeten alle durcheinander. Cora wäre am liebsten auf der Stelle mit dem Fahrrad zum alten Hatson gefahren und hätte ihn als Zeugen geholt. Aber sie musste sich noch eine Weile gedulden. Zuerst gab die Polizei Mr Rumsey die Chance, nach den Papieren für das Pony zu suchen. Dann ließen sie sich seine Ausreden und seine Empörung über die ungerechte Behandlung und die furchtbar neugierigen Kinder anhören. Dann erst fuhr Mr Fellows los, um den alten Hatson zu holen.

Als die beiden schließlich auf dem Hof ankamen, war es schon fast Mitternacht. Cora, Matt und Pam hatten nebeneinander auf einem Strohballen gesessen und gewartet, die Polizisten hatten sich die Zeit mit Kartenspielen vertrieben, der Dobermann war immer wieder nervös zwischen Wohnhaus und Stall hin- und hergegangen und Mrs Fellows schließlich hatte sich um einen Tierarzt für das kranke Pony gekümmert.
Doch als der alte Hatson mit angespanntem Gesicht aus Mr Fellows' Van stieg, wurden alle noch einmal wach.
"Sorry to wake you in the middle of the night, sir", sagte einer der Polizisten entschuldigend. "But the

young lady over there thinks you should have a look at this pony. She **claims** …"

Weiter kam er nicht, denn Mr Hatsons Gesichtsausdruck hatte sich schlagartig verändert. Mit weit aufgerissenen Augen starrte er das Dartmoor-Pony an.

"Cheeky!", flüsterte er. "Cheeky!"

Das ging allen durch Mark und Bein. Cora war ganz dicht an Pam herangerückt und fasste ihre Hand. Und auch Matt musste vor Rührung schwer schlucken.

Mr Hatson stürzte in die Box und umarmte sein Pferd. Dann drückte er sein Gesicht an den warmen Pferdehals.

"Sorry", sagte er nach einer Weile. "I'm just so glad to have him back!" Er schniefte verlegen. Cheeky knabberte an seinem Hemd. Bestimmt erkannte er ihn auch.

"Mr Hatson", sagte einer der Polizisten ernst. "Are you really sure that this is your pony?"

"Of course I am", sagte der Alte und es klang fast ein bisschen beleidigt. "And I can prove it." Er streichelte das Pony ohne es näher anzuschauen. "**For example**, Cheeky has black socks on all four legs just up to his knees and a small white **fleck** on his

---

**claims** behauptet
**for example** zum Beispiel
**fleck** Fleck

shoulder. And for a Dartmoor pony he's quite big, fifty **inches** to be exact. Do you have a **tape measure**?"
Der Polizist zog ein Maßband aus der Hosentasche und maß nach. "Fifty inches", sagte er dann.
"That proves nothing!", gab Mr Rumsey wütend von sich. "All Dartmoor ponies are brown, and all Dartmoor ponies have black socks, and a lot of them are as big as him."
Mr Hatson schnaubte zornig und es sah fast so aus, als wolle er sich auf den Pferdedieb stürzen.
"Shut up!", schrie er. "You and your friend have made so many people **unhappy**!"
"Mr Hatson, please calm down", versuchte der Polizist ihn zu beruhigen. "I promise you we'll find his accomplice as soon as possible."
"Well, it's getting late", mischte sich Mrs Fellows in die Unterhaltung. "The kids must go to bed. It was a really **exciting** day. Come on, let's all go home now. Mr Hatson, we'll take you home, and tomorrow we'll be back to get your horse."
Aber das ließ der alte Mann auf keinen Fall zu.
"**Certainly not**!", rief er. "I won't leave Cheeky

---

**inches** Zoll *(englische Maßeinheit; ein Zoll entspricht 2,54 cm)*
**tape measure** Maßband
**unhappy** unglücklich
**exciting** aufregend
**certainly not** auf keinen Fall

with this thief another night! What will happen if I leave my pony in this stable? Perhaps by tomorrow he'll be gone, God knows where, and the **main evidence** in this **crime will have disappeared**."

"He's right", bemerkte nun auch Matt. "I would do the same thing if I were him."

Auch die Polizisten waren entschieden dagegen, das Pony auf dem Hof zu lassen, und so wurde die Nacht noch länger, als sie ohnehin schon war. Pams Vater bot Mr Hatson an, das Pony zu sich zu nehmen und in seinem Stall unterzubringen, bis Mr Hatson seinen Stall für Cheekys Rückkehr hergerichtet hatte. Der alte Mann war über diesen Vorschlag überglücklich.

Also fuhr Mr Fellows zurück zum Ponyhof, um einen Hänger zu holen, und anschließend transportierte er Cheeky, seine Frau, seine Kinder, Cora und den alten Hatson zu sich nach Hause.

Es war fast drei Uhr früh, als Cora todmüde ins Bett fiel. Unter normalen Umständen hätte sie noch lange mit Pam geredet, aber die war genauso kaputt. Deshalb begnügten sich die beiden mit einem knappen "Good night, sleep tight", bevor sie in einen tiefen, traumlosen Schlaf fielen.

---

**main evidence** wichtigstes Indiz
**crime** Verbrechen
**will have disappeared** wird verschwunden sein

## So wird man berühmt

Der Morgen verlief urgemütlich. Mrs Fellows hatte den Frühstückstisch auf der Wiese vor dem Pferdestall aufgebaut und gedeckt, und nun aßen sie lange und genüsslich Cornflakes mit Milch und Zucker, Toast mit Marmelade, Rührei mit Schinken und kleine scharfe Würstchen mit gebackenen Bohnen und Speck. Dazu gab es Saft und Tee.
Cora fühlte sich rundum glücklich. Es war schön, zwischen Pam und Mr Hatson zu sitzen und zu sehen, wie sich beide mit strahlenden Gesichtern das Frühstück schmecken ließen.
Immer wieder sah Mr Hatson zu seinem Cheeky, der zwar auf einer Wiese für sich allein stand, aber zu den anderen Pferden hinüberschauen konnte.
"The vet will come again **around noon**", berichtete Mr Fellows. "I'm sure Cheeky will **get well** again as quickly as Diva has."
"I have a question", sagte Mr Hatson nach einer Weile und nahm einen Schluck Tee. "May I leave Cheeky on your farm? It's quite lonely for a young pony, living alone with an old man like me. I'm sure he'd feel better if he were around other horses."
"Of course you can leave him with us", sagte Mr

---

**around noon** gegen Mittag
**get well** sich erholen

Fellows. “We’**ll take good care of him**, and you can come and visit him whenever you want.”
Mr Hatson strahlte. Er schaute die drei Kinder an.
“Will you be so **kind** as to ride him when he’s feeling better?”, wollte er wissen.
Pam und Cora verschluckten sich fast vor Aufregung. Das waren ja tolle Aussichten.
“Of course – that’ll be great fun”, rief Pam. “I love Cheeky already. And we promise we’**ll keep an eye on him**.”
“I’m sure you will”, lächelte Mr Hatson.
Er wirkte überhaupt nicht mehr verrückt, sondern im Gegenteil ausgesprochen aufgeräumt und fröhlich. In dieser großen Runde schien er regelrecht aufzuleben. Da klingelte Mr Fellows’ Handy. Er zog es aus der Tasche.
“Hello? Oh! – It’s the **police station** … – What happened? Interesting … aha … I understand … Yes, I’ll tell them. Yes, if you want to; you can come right now. We’re all at home. And Mr Hatson’s with us too.”
Pam, Matt und Cora platzten fast vor Neugierde.
“What happened?”, riefen sie wie aus einem Munde, als Mr Fellows das Gespräch beendet hatte.

---

**(will) take good care of him** (werden) gut auf ihn aufpassen
**kind** nett, gütig
**(will) keep an eye on him** (werden) auf ihn aufpassen
**police station** Wache

Er grinste. "Rumsey'**s confessed** to stealing the horses", berichtete er.
Am Frühstückstisch brach Jubel aus.
"And he also confessed that he worked with two other men. One is called Jim Coleman and the other Thomas Owen. Coleman you know already. He and Owen stole the horses; Rumsey's job was to sell them on local horse markets. All three of them made quite a lot of money doing it."
"I can believe that", schnaubte Matt.
"The police checked the neighbourhood for the four horses you **mentioned** yesterday. They found them on Owen's farm. Now they're looking for the owners."
"It sounds like some other people are going to be happy today as well", seufzte Mr Hatson und schaute erneut zu Cheeky hinüber. "It's terribly sad when you believe that your horse is gone **for ever**."

Zwei Stunden später traf die Polizei ein und stellte unendlich viele Fragen. Plötzlich waren Coras Fotos doch nicht so uninteressant und an der Wahrheit der Geschichte zweifelte auch niemand mehr.
Pams und Matts Eltern hatten allerdings große Mühe, sich die Geschichte ihrer Kinder in Ruhe anzuhören.

---

**(has) confessed** (hat) gestanden
**mentioned** habt erwähnt
**for ever** für immer

"How **careless** of you!", schimpfte Mrs Fellows. "What would have happened if that Mr Rumsey had hurt you?"
"But we're **alive**, **we're fine**, and we've had wonderful, interesting holidays", lachte Cora. "I'll definitely come back next year. England is such an exciting country."
"That is because Agatha Christie and Alfred Hitchcock lived here", grinste Matt.
Das Polizeiverhör zog sich bis in den frühen Nachmittag, und als es endlich zu Ende war, konnten Pam, Cora und Matt kaum abwarten, wieder zu reiten. "A day without riding is a lost day", sagte Matt. Und so waren sie froh, als Mr Kingston, der Lord, auf dem Hof vorfuhr.
"Okay, kids! It's time to do some **real** riding. No more bikes today – your horses have missed you", sagte er und klatschte in die Hände.

Es war alles wie immer. Die Sonne schien, und die Reitschüler ritten auf dem Hufschlag durch die Halle. Die kleine rot-weiße Katze lag auf einem Balken und schaute zu, Sammy, der cremefarbene Labrador, überwachte die Reitstunde von der Mitte der Halle

---

**careless** leichtsinnig
**alive** am Leben
**we're fine** uns geht's gut
**real** echt

aus, und dem graumelierten Lord entging kein einziger Fehler.
"Pam, watch your hands", sagte er. Und kurze Zeit später: "Cora, not too close to Pam." Und dann endlich kam auch die Bemerkung: "Matt, you're sitting on a horse, not on a chair."
Kurzum, es war wundervoll. Cora hatte das Gefühl, schon lange nicht mehr so glücklich und zufrieden gewesen zu sein. In ruhigem Tempo ritt sie hinter Pam her und achtete darauf, dass sie die Ecken ausritt und nicht abkürzte.
Irgendwann wurde es draußen unruhig. Einige Autos waren vorgefahren. Plötzlich wurde die Tür der Reithalle aufgerissen und ein Mann und eine Frau stürmten herein.
"Are you the kids who caught the horse thieves?", wollte die Frau ohne Umschweife wissen.
Und noch bevor irgendjemand eine Antwort geben konnte, blitzte ein Fotoapparat direkt vor Cora auf.
Lucky wieherte und warf den Kopf nach hinten. Dann schoss er mit Cora auf dem Rücken an Diva vorbei, holte Matt ein und rannte auch an ihm vorbei Richtung Ausgang. Geistesgegenwärtig schloss Lord die Tür, sonst hätte Lucky mit Cora auf dem Rücken Reißaus genommen. Lucky bremste ab und schlug einen Haken, bei dem Cora fast das Gleichgewicht verloren hätte. Ein Fuß rutschte aus dem Steigbügel.

“**Keep calm**, Cora”, sagte Lord mit klarer Stimme. “**Bridle** your horse. Okay. Fine. And again!”
Cora lief der Schweiß. Sie sah, dass Pam und Matt ihre Pferde angehalten hatten und abgestiegen waren. Sie hatten Diva und Mr Watson in die Mitte der Halle geführt und sahen nun zu, wie Cora versuchte, Lucky wieder unter Kontrolle zu bekommen.
Cora nahm die Zügel an und machte sich schwer im Sattel. Beine weg vom Pferdebauch, dachte sie dabei, obwohl sie am liebsten ihr Pferd mit den Beinen umklammert hätte. Nun beruhigte sich Lucky, wurde langsamer und blieb schließlich stehen. Erleichtert und mit zitternden Knien stieg Cora aus dem Sattel.
Nun erst begann Lord zu schimpfen.
“Who are you?”, wandte er sich an die Fotografin. “Who allowed you to disturb my riding lesson? You are **irresponsible** and careless. This girl nearly had an **accident**.”
Die Fotografin sah nun sehr verlegen aus.
“I’m sorry”, sagte sie erschrocken. “**I didn’t realize** that horses were such nervous animals. Sorry, my dear, it was terribly careless of me.”

---

**Keep calm.** Bleib ruhig.
**bridle** zügle
**irresponsible** unverantwortlich
**accident** Unfall
**I didn’t realize** es war mir nicht bewusst

"It's okay", sagte Cora mit zitternden Lippen. "This **is turning into** a **survival training**."
"Don't worry – she loves it", rief Matt. "She was afraid the rest of her holiday would be boring."
Sie lachten alle, und langsam löste sich die Spannung.
"We're reporters from the Poole **daily** newspaper", erzählte nun der Mann. "And we heard about you … that you found the horse thieves who'**ve been terrorizing** the countryside for months. So we wanted to write an **article** about you."
"But not now!", mischte sich Lord ein. "Now we're having a riding lesson. If you want to get an interview, you'll have to wait until five o'clock."
Matt zwinkerte Cora zu. Lord war eben ein echter Lord. Er ließ sich durch nichts und niemanden beirren.

Der Reporter und die Fotografin warteten wirklich geduldig. Dann ließen sie sich die ganze Geschichte ausführlich erzählen, schossen viele Fotos und schrieben einen langen und spannenden Artikel über drei mutige Kinder und ihre Liebe zu Pferden.

---

**is turning into** wird zu
**survival training** Überlebenstraining
**daily** täglich
**(have) been terrorizing** (haben) in Angst und Schrecken versetzt
**article** Beitrag

# Krimispaß für Leseratten

## Neue Abenteuer für kleine und große Fans

Petra A. Bauer
**An Exciting Cruise – Eine abenteuerliche Kreuzfahrt**

Luisa Hartmann
**The Golden Dog – Der Goldhund**

Herbert Friedmann, Tina Zang
**Trapped – In der Falle**

Tina Zang
**The Mystery of the Stray Dog – Das Rätsel um den Streuner**

Dagmar Puchalla
**War of the Gangs – Bandenkrieg**

Charlotte Collins
**Save Green Farm! – Rettet Green Farm!**

Bernhard Hagemann
**Foul Play – Falsches Spiel**

Herbert Friedmann
**Burglary at Noon – Einbruch am Mittag**

Jan Schuld
**The Devil Laughs – Der Teufel lacht**

Dagmar Puchalla
**The Parrot knew Everything – Der Papagei wusste alles**

Luisa Hartmann
**Holiday Job: Detective! – Ferienjob: Detektiv!**

Petra Steckelmann
**The Mysterious Lighthouse – Der geheimnisvolle Leuchtturm**

Luisa Hartmann
**The Haunted Castle of Loch Mor – Das Spukschloss von Loch Mor**

Annette Weber
**Where is Mrs Parker? – Wo ist Mrs Parker?**

Annette Weber
**Tracking Horse Thieves – Pferdedieben auf der Spur**

Luisa Hartmann
**Beware of Pickpockets! – Vorsicht, Taschendiebe!**

Tina Zang
**Panic on the Set – Panik am Set**

Dagmar Puchalla
**Stop Thief! – Haltet den Dieb!**

Langenscheidt
...weil Sprachen verbinden

*Infos & mehr*
**www.langenscheidt.de**